JN100811

中学校

「動き」のある

道徳科授業のつくり方

磯部一雄・杉中康平

［著］

東洋館出版社

はじめに

　本書を手に取られた皆さんは，本書のタイトルにもなっている「『動き』のある道徳科授業（以下，「動き」のある授業)」という言葉に対して，どんな印象をもたれたでしょうか？

　「『動き』って，何が動くの？」という素朴な疑問や，「『動き』って，まるで，『特別活動』みたいだな…」といった違和感や，「『動き』回って，這い回ったって，『生き方』についての考えを深められないよ！」といった反発まで，人によって，実に様々な印象をもたれたことでしょう。

　そうした第一印象を「良い意味で裏切りたい」というのが,私たちの願いです。

　そして，全国で道徳科の授業づくりに日々悪戦苦闘されている先生方に，ぜひ，この「動き」のある授業をお伝えしたいというのが，本書を書くに至った動機です。

　この「動き」のある授業は，道徳科の目標にも示されている「自己の（人間としての）生き方についての考えが深まる」ことを目指して開発されたものです。「主体的・対話的で深い学び」を目指した授業であると言ってもよいでしょう。

　この授業方法は，理論面は主として四天王寺大学の杉中が，実践面は主として札幌市立北野台中学校の磯部が担当し，開発を進めてきました。札幌市内だけでなく，全国のいろいろな地域の小・中学校の現場においても，磯部が中心になって小・中学生や高校生を相手に実際に授業をし，数多くの実践を通して，その有効性を検証してきました。また，2018年からは，日本道徳教育学会，日本道徳教育方法学会，日本道徳科教育学会の場でも，その成果を発表してきました。

　本書では，この「動き」のある授業について，その目指すべき「授業像」を理論編で示した上で，実践編では，指導案にイラストを加えるなどして，具体的に授業の「見える化」を心掛けました。また，生徒の感想文も掲載し，この授業を受けた生徒が，より深く自己と向き合い，生き方についての考えを深めることができたことを示しました。

　1人でも多くの先生に本書をご活用いただき，豊かな道徳性の育みに資するための，道徳科の授業づくりに役立てていただければと思います。

　本書の作成に当たり，東洋館出版社編集部の近藤智昭氏，北山俊臣氏には，本書の企画立案当初から労をとっていただいたことを,心より感謝申し上げます。

2020年5月

杉中　康平

_{もくじ}
Contents

第2章 「動き」のある道徳科授業のつくり方 実践編

第 1 章

「動き」のある
道徳科授業の
つくり方

理論編

1
「動き」のある授業とは

 「動き」のある授業とは，どんな授業ですか？

 「場面の再現化」（＝動きⅠ）やホワイトボード・マグネットを活用した「対話・交流」（＝動きⅡ）によって，生徒の「心」を動かす，主体的・対話的な授業です。

＊この「動き」のある授業は，2017年〜2019年に行われた日本道徳教育学会，日本道徳教育方法学会，日本道徳科教育学会で，私たちが発表した授業方法のことを表しています。

この「動き」のある授業は，以下の2つの「動き」から，構成されています。

「動きⅠ」（＝場面再現の「動き」）[1]

登場人物への「自我関与を深める」ことをねらいとして，教材の場面を再現化する活動。

＊「役割演技」や「動作化」等の手法を用いて行う。

「動きⅡ」（＝対話・交流し，多面的・多角的に考える「動き」）[2]

生徒が「自己を見つめ」「多面的・多角的に考える」ことをねらいとして，ホワイトボードとマグネットを活用した対話・交流をする活動。

＊ホワイトボードとマグネットを活用して，生徒が自己評価・相互評価の活動を行う。

（1）「動きⅠ」（＝場面再現の「動き」）

 場面を再現することは，どんな点が有効なのですか？

 生徒にとって教材内容の理解が容易になり，「自分ごと」として考えやすい環境が整います。そのため，特に言語活動を苦手とする生徒も考えやすい学習環境が整い，どの生徒にも活躍の場を保障することができます。

「動きⅠ」は，教材上の設定に沿って，「音」，登場人物の「せりふ」「表情」「行動」などを，ペアや学級全体など，様々な形態で表現＝再現するものです。

「役割演技」や「動作化」等の手法（＝場面再現の「動き」）を用いて，せりふや場面状況を再現する活動を短時間・その場で取り入れることで，授業者である教師が実践しやすくなるだけでなく，児童生徒にとっても教材内容の理解が容易になり，「自分ごと」として考えやすい環境が整います。そのため，特に言語活動を苦手とする生徒も考えやすい学習環境が整い，どの生徒にも活躍の場を保障することができます[3]。

教材の場面を再現化する場面再現の「動き」は，さらに，以下の2つの「動き」に分けることができます。

①道徳的諸価値の理解に基づく前理解を表出する「動き」
②道徳的価値に向き合い，自己を見つめる「動き」

授業によっては①だけ，②だけ，または①と②を合わせて行うという場合もあります。

①道徳的諸価値の理解に基づく前理解を表出する「動き」

「自分なら，こんなことはしない」「主人公はなぜこんなことをするのか？」など，範読直後に感じた自己の思いや考えは，個々の「前理解」に大きな影響を与えます。

この，**「前理解」の差異を認め合い，受け止め合い，広い視野で想像を**

ふくらまし，多様に考えを深めるきっかけとするのが，前理解を表出する「動き」です。

Q 場面を再現することで，教材理解も深まるのではないでしょうか？

A その通りです。
登場人物の行動を演じることで，物語の登場人物への自我関与が深まり，一読しただけではなかなか理解できない登場人物の心情や生きざまを理解することが容易になります。

　前理解が深まらない要因に，教材の内容に対する生徒の理解不足があります。教材文の中に，難解な語句や抽象的な言葉がたくさん出てくると，教材の描く情景，主人公の思いや考えなどをつかみきれない生徒も出てきます。また，そうなると，途中で集中力が途切れてしまう生徒も出てくるはずです。その際の読み違い等を防ぎ，教材理解の差をなくすために，場面再現の「動き」を用いて，教材が描く場面の再現化を行います。この再現化の動きによって，実際に登場人物の行動を演じることで，物語の登場人物への自我関与が深まり，一読しただけではなかなか理解できない登場人物の心情や生きざまを理解することが容易になります。

　また，この活動を取り入れることによって，生徒が教材をどの程度把握しているか，考えるべき「道徳的価値」をどのように理解しているかを，授業者である教師が確認することができます。

Q 多様な意見が出る反面，収拾がつかなくなることはありませんか？

A あえて収拾をつけようとせず，生徒の主体的意見の表出と捉え，肯定的に受け止めることが大切です。

 実践例1 　**場面再現の「動き」…病室で卒業証書を渡そうとしたときの場面を，全員参加の「動き」やグループの「動き」で再現する。**

主　題：よりよい学校生活，集団生活の充実（内容項目Ｃ よりよい学校

生活）

ねらい：教師や学校の人々を敬愛し，学級や学校の一員としての自覚をもち，協力し合ってよりよい校風をつくるとともに，様々な集団の意義や集団の中での自分の役割と責任を自覚して集団生活の充実に努めようとする心情と意欲を養う。

教材名：『二枚の写真』（廣済堂あかつき「中学生の道徳　自分を見つめる1」）

　上記のねらいに迫るために，この教材では**道徳的価値を体現している登場人物全員の思いや考えに着目**して「自我関与」することが大切です。

　道徳的に変化する浩の思い，屋上で手を振る仲間の思い，すぐに病室に駆けつけ，卒業証書を渡そうとした校長先生の思いに迫るために，心の中のつぶやきを表現させると，手を挙げる間もなく，どんどん意見が表現されます。

　これまで実践では，板書の記録が追いつかないくらい，生徒から発言が出ました。理由を深く聞く必要もないくらい，「自我関与」した結果の言葉が表現されます。

　この場合のように，思いきり主体的に表現させたほうがねらいに迫ることができる教材の場合は，生徒の力を信じて表現させ，そこから考えを深めるきっかけとなる問いを設けることが大切です。

②道徳的価値に向き合い，自己を見つめる「動き」

自己を見つめる「動き」とは，どのようなことを示すのですか？

「自分なら，どう思うのか？」という思いから，時には自己の在り方まで見つめるような「動き」です。

　これは，主題に迫るための「動き」です。主人公は，道徳的問題の解決を図るために，葛藤したり，逆に迷わずに思いを貫こうとしたりします。このような場面の主人公に，自己を重ねる再現化を行います。

　主人公の「動き」は，副詞句から想像をふくらませることができます。例えば，「じっと下を向いていた」の「じっと」からは，様々な想像が浮かぶはずです。ここを，生徒が自由に体を使って表現（再現）するのです。この思考過程で「自分なら，どう思うのか？」という思いが浮かぶようになります。時には，自己の在り方まで見つめるようにもなります。

　従来の授業では，言葉だけで他者との意見交流を行っていましたが，この「動き」によって，言語活動が苦手な生徒でも自由に自分の考えを表現することができるようになり，より簡単に「道徳的価値」に向き合うことが可能になります。

そんな芝居がかったことをしなくても，考えを深めることはできると思うのですが？

再現化することによって，考えが広がり，深めやすくなる場合に積極的に活用します。

実践例2　場面再現の「動き」…1人目の拍手につられ，乗客全員の拍手になった場面を，全員参加の「動き」で再現する。

主　題：よりよい社会の実現（内容項目 C 公共の精神）

ねらい：拍手によって見知らぬ者同士の心が通い合うよさを自覚し，公共の精神への自覚を高め，よりよい社会の実現に努めようとする意欲を育む。

教材名：『バスと赤ちゃん』（学研みらい「中学生の道徳　明日への扉1年」）

　上記のねらいに迫るために，**道徳的価値を体現しているバスの乗客の思いや考えに着目**して自我関与することが大切です。

　特に，この教材で重要なポイントは**1人目の拍手が起きるまでの「間」**です。この「間」が社会連帯への懸念材料とするならば，言語的に分析するよりも，「間」を再現して直感的に感じたことを対話するほうが，より一層社会連帯について深く考えやすくなると考えます[4]。

　特に，言語活動を苦手とする生徒や特別な支援を要する生徒には効果があります。また，音（ここでは，拍手）の再現は，役者や劇団員のように，高度な演技を必要としません。

　再現化は，目的ではありません。あくまでも教材を深く自我関与するための手段です。自然愛護，畏敬の念など，再現化が難しい教材もあります。生徒一人一人が自己の思いや考えを深めるために，どのような創意工夫を図るか，その一手法として再現化があると考えます。

 生徒のノリがイマイチです。どうしたらいいですか？

 再現化に工夫があれば，中学生も意欲的に参加します。

| 実践例3 | 場面再現の「動き」…大福を買う場面を，ペアの「動き」で再現する。 |

主　題：弱さの自覚（内容項目Ｄ　よりよく生きる喜び）

ねらい：人間としての弱さや醜さを自覚し，それを謙虚に反省し，人間としての生きる喜びを見いだし，向上しようとする心情を育む。

教材名：『足袋の季節』（全教科書会社掲載）

上記のねらいに迫るために，**道徳的に変化する主人公の思いや考えに着目**して自我関与することが大切です。

　特に，大福を買う場面で主人公が「うん」と返事する場面が重要です。おつりが多いことに気が付いているので，

「おばあさん，おつりが多いよ」。

と言えば，問題は簡単に解決できたはずです。しかし，主人公は誘惑に負け，それができない。ここに人間の弱さがあります。

「なぜ，正直に言うことができないのか？」

を問うことは簡単です。

　しかし，あえて，生徒に，「主人公が『うん』といって，お釣りを受け取った」場面を再現させることで，「その場から逃げ出したい」という思い，「おばあさんの顔を見ることができない」という後ろめたい気持ち，「正直に言おうかどうか」というためらいなど，多様な思いや考えを表現することができます[5]。

　この場合，顔の表情も伴った表現になるので，なかなか全員の前で表現しようとはなりません。そこで，教室全体を使って，自由に「2人1組」で表現させるなどの工夫を凝らせば，中学生も意欲的に参加してきます。

　また，再現化を重視する授業では，最初から机なしの授業形態をとることも可能です。

　このように，生徒が参加しやすい環境を整えることで，生徒は，主体的に参加できるようになるのです。

（2）「動きⅡ」（＝対話・交流し，多面的・多角的に考える「動き」）

Q ホワイトボードやマグネットを使うことは，どんな点が有効なのですか？

A ホワイトボードを一斉に貼り出すことで，教室にいる全ての生徒の意見を，全員で同時に確認できます。さらに，マグネットを置くことで，「対話・交流」を進めることができます。

　「動きⅡ」は，ホワイトボードやマグネットを活用し，積極的に自己の思いや考えを表現し，相互交流を図る「動き」です。これにより，生徒が「多面的・多角的」に考えることを支援することができます。

　ホワイトボードを一斉に黒板に貼り出すことよって，教室にいる全ての生徒の意見を，全員で同時に確認（＝見える化）することができ，**相互交流の可能性を広げることができます**[6)]。

　また，ホワイトボードに書かれた全員の考えを読み，共感できる意見には「緑のマグネット」，もう少し考えを聞いてみたい意見には「青のマグネット」を置きます。**マグネットを置くことを通して，それぞれの意見をしっかりと見つめる（＝相互評価）ことができます**[7)]。

　その置かれたマグネットを基に，対話・交流を進めていきます。そのことを通して，他者の意見を知ることができるだけでなく，**自己の考えを，多面的・多角的に再考すること（＝自己評価）ができるのです**。

Q 1人1枚ではなく，グループで1枚でも，対話の材料になるのでは？

A 意見をまとめる学習は，道徳科の目指すところではありません。

　道徳科の対話では，生徒一人一人の考えや思いを大切にしながら，交流し，学び合うことが大切です。

　したがって，以下のような，学級活動や教科指導のグループ学習のような話合いの考えをそのまま当てはめることはできません。

NG

・1つの言葉で表現できるような「正解」探しをする。

・話し合って，折り合いを付け，「合意形成」を図る。

・グループでの学習を通して，何らかの「結論」を出す。

1枚のボードにグループの意見をまとめる学習過程で，ややもすると，リーダーや発言権のある生徒主導の話合いになってしまい，少数派の意見は埋没し，思いや考えを自由に表現できる可能性が失われる可能性があります。「グループで話し合うと，対話が成立しない」とまでは言いませんが，学習過程で少数派の意見が埋没するような授業展開は避けなければなりません。

 全員のホワイトボードを使うと，黒板に教師が書くスペースがありません。

 「動きⅡ」は，全意見をフラットに公開することから，主体的で対話的な活動を行います。必要に応じ，ICTの活用，ホワイトボードの複数枚の活用などを行い，スペースの有効活用を図ります。

実践例4 対話・交流し，多面的・多角的に考える「動き」

主　題：世界に生きる人間としての自覚（内容項目C 国際理解，国際貢献）

ねらい：世界に生きる1人の人間として，命を尊び，差別のない平和な世の中を築こうとする心情を育む。

教材名：『六千人の命のビザ』（東京書籍「新しい道徳2」）

図1は，中央に大型テレビを配置して授業のめあてや発問を提示し，両サイドにホワイトボードを複数枚設置した授業の様子です。

「板書」は，1時間の生徒の「思考過程」を残すことができ，構造的に示すことで，生徒がより深く考えやすい環境を整えることができるメリットがあります。

しかし，反面，板書を重視しすぎると，以下のようなデメリットも出てきます。

①板書がパターン化してしまうことで，生徒が授業展開を予想しやすくなるため，マンネリに陥りやすく，生徒の思考が画一的になりがちになる。

図1

②教師が生徒の発言を黒板に書き写すことを優先するあまり，生徒の発言を更に深めるための追発問等が疎かになったり，発言している生徒の表情等を見取ることができない。

　このような課題を解決するためには，発想を変える必要があります。デジタル教科書の活用も視野に入れる等，板書計画も柔軟に考えることが必要です。

　言語活動が苦手で，ワークシートに書けない生徒は，ホワイトボードにも意見を書けないと思うのですが？

　書くこと，まとめることが道徳科の目的ではありません。思いや考えをまとめられないときには，無理をして書かないことも大切であるという，学習のルールをつくることが大切です。

実践例5 　対話・交流し，多面的・多角的に考える「動き」

主　題：規則の尊重（内容項目C 遵法精神）

ねらい：規則の温かな側面に気付くことで，規則を進んで守ろうとする意欲と態度を育む。

教材名：『二通の手紙』（文部科学省「私たちの道徳」）

　上記のねらいに迫るためには，道徳的に変化する元さんの思いや考えに着目して自我関与することが大切です。

　しかし，この教材では，生徒が情動に左右されてしまい，**「場合によっては規則を破っても構わない」**という「前理解」が多数派を占めていると

いう傾向があります。

　この前理解に刺激を与える場面再現の「動き」と問いによって，前理解とは真逆の思考を要求される生徒も出てきます。この場合，一時的に思考が混乱し，考えが全くまとまらない状況に陥ることもあります。

　図２は，まさに思考が混乱した生徒が「ホワイトボード」を前に考え込んでいる姿を撮影したものです。この生徒は規則の温かな側面を理解しながらも，自己の生き方として場合によって規則は破ってもいいものだと強く考えていました。

図２

中心発問「元さんが気付いたことは何か」

で，筆が止まります[8]。

　また，言語活動が苦手，特に特別な支援を要する生徒には書くことが苦手な場合がよくあります。図３は特別な支援を要する生徒がボードに何も書けなかった記録です。

図３

　しかし，授業の約束として，

「考えた結果，意見がまとまらないときは書かなくてもよい」

としているので，生徒は安心して授業に参加しています。

　このように，書けない理由は多々あります。書くことが絶対ではありません。大切なことは，人間としての生き方を考えることです。

Q 35人のホワイトボードの意見があると，それを紹介するだけで時間が足りないと思いますが？

A 生徒数が多い場合は，授業全体の時間配分に留意します。ホワイトボード記入から25分程度確保します。

12

実践例６ 対話・交流し，多面的・多角的に考える「動き」

教材名：『ネパールのビール』（学研みらい「中学生の道徳　明日への扉１年」）

図４

　図４は，28名の学級で行ったときの記録で

す。この教材での時間配分は，

①範読＋場面の再現化＋発問：23分
②ホワイトボード対話：25分
③終末：2分

＊感想は，自宅で再読後に記入。

できれば，全ての意見を紹介し，感想も書かせたいところです。しかし，授業でなされる様々な手法は，全てねらいに迫るためにあります。機械的に全ての意見を紹介することは避けなければなりません。

Q マグネットを置くとき，付和雷同的になりませんか？

  真剣に人間としての生き方を考える授業を続けていけば，自然に解消されます。

道徳科の授業では，通称「道徳リーダー」と言われるような生徒が存在し，その生徒が意見を言うと，その方向に考えがまとまってしまうことがあります。

もちろん，その生徒の意見が素晴らしい場合は多くの共感を得ることがあります。しかし，誰かが置いたから，みんなが置いたからなど，根拠をもたずにマグネットを置くことは，授業のねらいに反します。

この問題を根本的に解決するためには，人間としての生き方を考える授業を続けることです。マグネットを置く活動は，自己評価と相互評価の結果になります。真剣に人間としての生き方を深めていけば，付和雷同的に置くことも恥ずかしいと考えるようになります。

Q マグネットを置いてもらえない生徒には配慮が必要ではないですか？

  配慮が必要な場合は行います。

マグネットは，自己評価と相互評価の結果を示します。学習活動に生徒

自身の評価活動が含まれています。よって，基本的に配慮する必要はありません。

　しかし，人間としての生き方の考えを深めることが道徳科のねらいなので，マグネットの結果によって生き方の考えが萎んでしまうことは避けたいところです。

　特に，特別な支援を要する生徒と授業を行う場合は，注意が必要です。評価活動という認識が理解されていれば，教師もマグネットを置くことができます。本校の特別支援学級では，私を含め4名の教師で授業を行うので，必ず全員の意見のよいところをマグネットで表現することにしています。

　このように，生徒の実態に即し，様々な工夫を凝らすことが大切です。

1），2）磯部一雄・杉中康平「『動き』のある授業で多様な児童生徒の思いを引き出し，学び合う道徳授業　―杉原千畝の生きざまから国際理解を学ぶ―」日本道徳教育学会　第94回大会自由研究発表資料，2019年

3）磯部一雄・杉中康平「児童生徒一人一人の目が輝く道徳科の授業　～『動き』のある授業で，生き方についての考えを深める～」日本道徳教育方法学会　第24回大会・発表要旨集録，2018年，5項

4）磯部一雄・杉中康平・近野秀樹「児童生徒のよさを見取り，生かす道徳授業のあり方　～『動き』のある授業，ターゲット評価，期末の振り返りで，自己評価力を育てる～」『道徳科教育』第2号，日本道徳科教育学会，2019年，19項

5）近野秀樹　道徳科指導案『道徳教育研究』第5号，日本道徳教育学会近畿支部，2020年，44項

6），7）杉中康平・磯部一雄「児童生徒の『自己評価力』を育成する道徳科授業のあり方　『動き』のある授業を通して，特別な支援を要する児童生徒の課題に取り組む」日本道徳教育方法学会　第25回大会自由課題発表資料，2019年

8）杉中康平・磯部一雄「『自我関与中心の学習』を通して，『考え，議論する道徳』をつくる　～『二通の手紙』の実践を通して」日本道徳教育学会　第89回自由研究発表資料，2017年

2
「動き」のある授業（実際）

次に、「動き」のある授業の実際の様子を以下に示したいと思います。
教材は、『いつわりのバイオリン』[1]です。

（1）準備物

生徒用ホワイトボード、イレイサー、マグネット（緑，青）	大型TV（電子黒板）	iPad	実物投影機（書画カメラ）
	いつわりのバイオリン	いつわりのバイオリン	

Q ICT の活用は必要ですか？

A 「動きⅡ」で黒板は全生徒の意見が掲示されるので，ICT 等を積極的に使用して，スペースを有効に活用します。

15

「動きⅡ」では，全生徒のホワイトボードを掲示します。35 名程度の生徒数になると，A4 サイズのホワイトボードでは，ほぼ黒板が埋まってしまいます。

そこで，大型テレビや電子黒板等を活用して，ねらいや問いを表示します。

また，ホワイトボードの文字が小さい場合に備え，書画カメラを使うことも対話には有効です。

アナログのホワイトボードとデジタルの ICT の両面のよさを活かすことで，生徒一人一人が考えやすい環境を整えていきます。

図5

（2）教室隊形

図 5 は，机なしの「コの字隊形」の例です。

中央を空けることで,

・生徒同士が互いの表情を見合うことができる
・「動き」の空間を確保することができる
・代表生徒による「動き」,教師代替の「動き」も見やすくできる

というメリットがあります。

また,前が空いていることで,

・ホワイトボードの意見が見やすく,マグネットも置きやすい

というメリットもあります。

反面,机がないため,終末の感想文を書く環境が十分に整わないというデメリットもあります。

教室体型は,教材の特質を踏まえ,どのような環境を整えることが大切かを,授業者はしっかりと考え,柔軟に対応することが必要です。

(3) 授業展開

主　題：弱さの克服（内容項目Dよりよく生きる喜び）

ねらい：誰もがもっている人間らしいよさを認め,弱さに負けず,自分に恥じない生き方を見いだそうとする心情を育てる。

教材名：『いつわりのバイオリン』（鴨井雅芳　原作）

■「動きⅠ」（場面再現の「動き」）
　　　　　　　　（道徳的諸価値の理解に基づく前理解を表出する「動き」）

「ロビンからの手紙を手にしたまま,しばらくうつむいていました」という場面を,その場の「動き」（1人の「動き」）で再現し,フランクの思いを疑似体験することで,ねらいとする「道徳的価値」を基に,生き方について考えを深めていきます。

■「動きⅠ」（場面再現の「動き」）
　　　　　　　　（道徳的価値に向き合い,自己を見つめる「動き」）

「筆をとりました」という場面を,その場での「動き」（1人の「動き」）

で再現し，フランクの思いにさらに深く迫っていきます。

■「動きⅡ」（対話・交流し，多面的・多角的に考える「動き」）
●生き方の考えを深める問い

> 「ロビンからの手紙を手にしたまま，しばらくうつむいていました」。そして，「筆をとりました」。このとき，フランクはどんなことを思っていたと思いますか。

①ホワイトボードの活用による「動き」
ⅰ　ホワイトボードに各自の考えを書く。
ⅱ　全員のホワイトボードを黒板に掲示する。
②マグネットの活用による「動き」
ⅲ　ホワイトボードに書かれた全員の考えを読み，共感できる意見には「緑のマグネット」を，さらに考えを聞きたい意見には「青のマグネット」を置く。
ⅳ　置かれたマグネットを基に，対話・交流を進める。

【授業展開（例）】

学習活動	授業の様子
教材の範読	**前理解** 前理解とは，授業以前から持ち合わせている道徳的価値に対する生徒自身の考え方です。

「動きⅠ」道徳的諸価値の理解に基づく前理解を表出する「動き」

■「ロビンからの手紙を手にしたまま，しばらくうつむいていました」という場面を，**その場の「動き」（1人の「動き」）**で再現し，フランクの思いをつかむ。

分担 生徒1：フランク

「動き」のシナリオ 手紙を手にしたまま，しばらくうつむく。

■フランクの思いをつかむ。	■このとき，フランクは心の中でどんな言葉をつぶやいたと思いますか？ ●なぜ，あんなことをしたのか。 ●これから自分はどうしたらいいんだ。 ●自分は愚かだった。

その場での「動き」
その場での「動き」とは，教材の一場面の再現を，その場で生徒自身が1人で行う「動き」。登場人物になりきることで，より深く自我関与することができます。

「動きⅡ」道徳的価値に向き合い，自己を見つめる「動き」

■「筆をとりました」という場面を，**その場での「動き」（1人の「動き」）**で再現し，フランクの思いをつかむ。

分担 生徒1：フランク

「動き」のシナリオ しばらくうつむいた後，筆をとる。

■フランクの思いをつかむ。	■このとき，フランクはどんなことを考えていたと思いますか？ ●ロビンに謝ろう。 ●ロビンに会いたい。 ●もう一度，バイオリンをつくろう。 ●自分が追い求めていたものを忘れていたことに気付いた。

> 対話・交流し，多面的・多角的に考える「動き」
> 一人一人の思いや考えを自分のペースで表現させます。さらに，全ての意見に必ず目を通し，責任をもってマグネットを置くことで，自己評価と相互評価を行い，自己評価力を高めていきます。

「動きⅡ」対話・交流し，多面的・多角的に考える「動き」Ⅰ

■「ロビンからの手紙を手にしたまま，しばらくうつむいていました」。
そして，「筆をとりました」。このとき，フランクはどんなことを思っていたと思いますか。ホワイトボードに書いてください。

■全員のホワイトボードを黒板に掲示する。
■全員の考えを読み，共感できる意見には「緑のマグネット」，もう少し考えを聞いてみたい意見には「青のマグネット」を置いてください。

■フランクの思いを深く考える。	●一番大切なものは「音」だったことを思い出した。 ●ロビンの頑張りに負けないで頑張ろう。 ●もうロビンは，自分を超えている。 ●弱い心を捨てよう。 ●ロビンに感謝を伝えなければならない。 ●もう一度やり直そう，ロビンに負けないバイオリンをつくるぞ。
授業の振り返り	対話の中で心に残った言葉を選び，その人の名前と理由を書く。 ※自分の言葉を選択してもよいこととする。
感想	感じたことを自由に記入する。

【自己評価・相互評価】

　本時の学習で，心の残った言葉を１つ選び，その理由をワークシートに書きます。他者の考えが自分の思考にどのようなよい影響をもたらしたかを明確にする学習は，他者の考えのよさを見付け，認め合い，それをもとに自己の考えを改めて見つめ直し，思考を深めるよい機会となるのです。

　この評価活動を毎時間繰り返すことで，自己評価力の高まりにもつながっていくことにもなります[2]。

【感想文】

　感想文の記入は，学びによって得た自覚を表現し，記録する，振り返り学習の中で最も重要な学習活動です。授業時間内で記入させるのが一般的ですが，自宅で再読し，その上で記入させることで，自分のペースで確実に自覚を記録に残すことができる場合もあります。また，家庭で，家族と話し合って，さらに新たに得た気付きを書くこともできます。

　中学生にもなると，５分で書きなさいと指示を出せば，５分で書ける内容を想定して書こうとします。この時間制限を設けなければ，学びによって得られた自覚を，自分なりに詳細に表現することもできます。

　改めて言うまでもなく，感想文の記入は，教材の特性や生徒の実態に応じて行うことが肝要です。

1）鴨井雅芳「生徒にとって魅力ある道徳の授業を目指して―生徒から学んだこと―」
　　http://www.u_gakugei.ac.jp　9項〜10項
2）磯部一雄・杉中康平・近野秀樹「児童生徒のよさを見取り，生かす道徳授業のあり方　〜『動き』のある授業，ターゲット評価，期末の振り返りで，自己評価力を育てる〜」『道徳科教育』第2号，日本道徳科教育学会，2019年，19項

3
「動作化・役割演技」等の体験的な学習の現状と課題

（1）道徳科の授業に「役割演技」等の活動を取り入れることの意義

　道徳科における質の高い多様な指導方法の１つとして，「問題解決的な学習」と共に挙げられているのが，「道徳的行為に関する体験的な学習」です。これは，具体的な道徳的行為の場面を想起させたり，追体験させたりすることによって，児童生徒の自己の（人間としての）「生き方」に対する考えを深めることを目指した学習活動のことです。

　特に，読み物教材を活用した場合などには，役割演技などの「疑似体験」的な表現活動（以下「役割演技」等の活動）を取り入れる指導方法のことを指しています。そして，その意義については，これまでにも数多く論じられてきました。代表的なものとしていくつか紹介すると，以下のようなものがあります。

　生田茂氏（1989）は，「役割演技」を道徳の時間に用いることによる効果と，その効果を高めるための指導過程や教師の役割を具体的に示すことで，「『役割演技』が道徳の時間の指導の活性化を図るに有効である[1]」と主張しました。

　江橋照雄氏（1992）は，内容項目の４つの視点（旧学習指導要領における４つの視点）ごとに実践例を挙げ[2]，その有効性を示しました。

　早川裕隆氏（2017）は，道徳授業における役割演技を「資料に書かれたせりふを表現することに終始せず，創造的自発的に演じる心理劇的手法による学習方法[3]」とし，その意義と有効性を，実践例と共に示しました。

　現行の『中学校学習指導要領解説　特別の教科　道徳編』（2017）では，以下のように示されています[4]。

> 　道徳科の授業に動作化や役割演技，コミュニケーションを深める活動などを取り入れることは，生徒の感性を磨いたり，臨場感を高めたりすることとともに，表現活動を通して，
> **①自分自身の問題として深く関わり，**

また，「役割演技」と「動作化」等の違いについては，以下のように，区別して示されています[5]。

①「役割演技」
　・生徒に特定の役割を与えて即興的に演技する。
　・読み物教材等を活用した場合には，その教材に登場する人物等の言動を即興的に演技して考える。
②「動作化」
　・動きやせりふのまねをして理解を深める。
③「自分の考えを表現する活動」
　・音楽，所作，その場に応じた身のこなし，表情などで自分の考えを表現する。

さらに，実施上の注意点として，以下のことも示されています[6]。

単に体験的行為や活動そのものを目的として行うのではなく，授業の中に適切に取り入れ，体験的行為や活動を通じて学んだ内容から道徳的価値の意義などについて考えを深めるようにすることが重要である。

（2）「役割演技」「動作化」等の実施の状況

Q 今までも役割演技や動作化などが数多く実践されてきたと思いますが…。

A 残念ながら，過去10年間の月刊『道徳教育』（明治図書出版）に掲載された授業実践の約7％しか役割演技や動作化などの実践が報告されていません。

16

授業における意義が示され，その実施が推奨されているにもかかわらず，実際には，道徳科の授業で「役割演技」等の活動が取り入れられることは，決して多いとは言えません。

　全国各地で過去に実践された全ての授業において，そのことを検証することは不可能です。そこで，2009年1月号〜2020年2月号までの10年間に発行された月刊『道徳教育』（明治図書出版）に掲載された「役割演技等」の活動の実践報告数から，その割合を調査したものが，資料1になります。

　役割演技等の掲載数は全体の約7%しかありません[7]。平成27年（2015年）に新学習指導要領が示され，平成28年（2016年）に「特別の教科　道徳」の指導方法・評価等について（報告）が道徳教育に係る評価等の在り方に関する専門者会議で，道徳的行為に関する体験的な学習について，ねらい・指導の具体例・指導方法の効果・指導上の留意点・評価について明記されたことを踏まえると，依然として体験的な学習の要素を加味した授業実践が極めて少ないことが明らかになりました。

　これは，1つの指標にすぎず，実態の全てを示すものではないことは言うまでもありませんが，私たちが全国で行う研修会等で感じる傾向には近いと感じます。

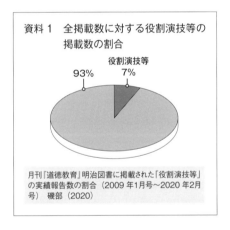

資料1　全掲載数に対する役割演技等の掲載数の割合

役割演技等
7%

93%

月刊『道徳教育』明治図書に掲載された「役割演技等」の実績報告数の割合（2009年1月号〜2020年2月号）磯部（2020）

（3）各学年段階における「役割演技」等の実施の状況

Q 小学校低学年の実践が，とても多い印象があるのですが？

A 学年が上がるにつれて，「役割演技」等の活動の実施数は減少する傾向があり，中学校においては，特にその傾向が顕著になります。

この傾向を確認するために，2018年に調査した結果が，資料2，3になります。

資料2は，1961年5月号から2018年4月号までの57年間に発行された月刊『道徳教育』（明治図書出版）に掲載された「役割演技等」の活動の実践報告から，学年別の割合を出しています。

資料3は，資料2における小学校と中学校の割合を出したものです。

50年間の調査のため，その条件として1960年代に多く見られた特別活動の内容や，教材が存在しないものは除外しました。

雑誌を編集する立場から考えるなら，できるだけ各学年偏りなく掲載したいと考えるはずです。それにもかかわらず，各学年の実践の掲載数にばらつきがあるとしたら，それは，学校現場における「役割演技」等の活動の実態を，よりリアルに反映していると言えるのではないで

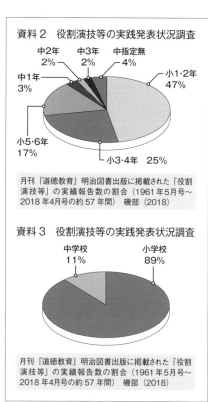

資料2　役割演技等の実践発表状況調査

中2年 2%　中3年 2%　中指定無 4%
中1年 3%
小5・6年 17%
小1・2年 47%
小3・4年 25%

月刊『道徳教育』明治図書出版に掲載された「役割演技等」の実績報告数の割合（1961年5月号〜2018年4月号の約57年間）磯部（2018）

資料3　役割演技等の実践発表状況調査

中学校 11%　小学校 89%

月刊『道徳教育』明治図書出版に掲載された「役割演技等」の実績報告数の割合（1961年5月号〜2018年4月号の約57年間）磯部（2018）

しょうか。いや，むしろ，雑誌の投稿数の割合以上に，実際は，多い学年はより多く，少ない学年（校種）はより少ないというのが，本当のところと言えるのではないでしょうか。

その結果，以下の事実が判明しました[8]。(資料2・3参照)

- ・学年が上がるごとに「役割演技」等の活動の実践の掲載数は減少している。
- ・そのうち，中学校における実践の掲載数は，全体の約1割程度しかない。

そして，さらに，中学校における「役割演技」等の活動が掲載された実態を年代ごとに追うと，1960年代は，1962年7月号に2年生の報告として1例のみ，1970年代は，3年生の報告として1例しかありません。1990年代以降は，中学1年生は比較的掲載数が多いのですが，中学2・3年生は依然として掲載数が少ないという状況です[9]。

以上のことから，**私たちが「肌感覚」で感じていた中学校における「役割演技」等の活動の実施数の少なさは，調査の上からも実証されたと言えるのではないでしょうか。**

むしろ，雑誌に掲載された以上に，中学校における実践は，深刻な状況にあると言えるかも知れません。

（4）中学校における「役割演技」等の活動の実施を困難にしている理由

 Q なぜ，中学校における「役割演技」等の実践例が少ないのでしょうか？

 A 中学生の実態に加え，授業者の苦手意識も，その要因として考えられます。

「役割演技」等の活動の意義や有効性に反して，その実践数は，学年が上がるにつれて減少していくという実態があります。とりわけ，中学校になると，さらに，その実践数は減少していく傾向にあります[10]。

この要因には様々なことが考えられますが，まず，中学生の実態に注目するならば，現実の問題として，役割演技等の活動に関しては，思春期の難しい年頃の中学生には，実践する上で，以下のような困難な実態があると言えます。

■「役割演技」等の活動の実施を困難にしている中学生の実態

①思春期特有の「照れ」や「恥ずかしさ」から，やりたがらない，乗ってこない。

②生徒に自由に演じさせると，「物語の設定から逸脱したり，本来の意図に反したりしてしまう」という心配がある。

　また，授業者である教師自身が，以下のような「思い込み」をもつことによって，自ら高いハードルを設定してしまっているということも考えられます。

■「役割演技」等の活動の実施を困難にしている教師の思い込み

①（教師に対して）「役割演技」等の活動を実施するための用意周到な準備や指導するための高度なスキルが必要である。

②（生徒に対して）活動に必要な高度なスキルを身に付けさせる必要がある。

　このような実態を考えた場合，授業者側が積極的に「役割演技」等の活動を導入する必要性を感じないばかりか，導入すること自体を，授業者自身が否定的に捉えてしまい，ついつい実践するのをためらってしまう可能性は，十分に考えられます。

1）生田　茂『役割演技で進める道徳指導』黎明書房，1989 年
2）江橋照雄『授業が生きる役割演技』明治図書出版，1992 年
3）早川裕隆『実感的に理解を深める！体験的な学習「役割演技」でつくる道徳授業』明治図書出版，2017 年
4）『中学校学習指導要領解説　特別の教科　道徳編』文部科学省，2017 年
5）同上書
6）同上書
7）磯部一雄による調査「月刊『道徳教育』明治図書出版に掲載された『役割演技等』

　　の実践報告数の割合（2009 年 1 月号～ 2020 年 2 月号の 10 年間)」，2020 年

8）磯部一雄による調査「月刊『道徳教育』明治図書出版に掲載された『役割演技等』
　　の実践報告数の割合（1961 年 5 月号～ 2018 年 4 月号の 57 年間)」，2018 年

9）8）同調査

10）8）同調査

4
提案！ 「動き」I のある授業

（1）「役割演技」等の活動の可能性

　道徳科の授業では，多くの場合，「読み物」教材を活用し，登場人物に自分自身を重ねる「疑似体験」を基に授業が進められます。「体験に勝る学びはない」と言われるように，文字情報だけに頼らず，登場人物の表情，場面での音などを再現する「疑似体験」を加えることで，より深く自我関与することができるはずです。

　「役割演技」等の活動によって，より深く自我関与することが可能になるならば，これまで述べてきた実施上の課題を解消しながら，より積極的に授業の中に取り入れることによって，道徳科の授業はさらに豊かなものになるはずです。

　前述の早川氏（2007）は，以下のように述べています[1]。

> 　役割演技は，抽象的思考が可能な児童生徒にこそ，むしろ効果的な指導方法である。効果が上がらないのは，役割演技が単なる『演技指導』とイメージされ，演技の巧拙の評価に重きが置かれて，演じられた内容や意義や意味を十分に吟味し合うことが不十分だからだと考えられる。

　「役割演技」等の活動は，喜んで行うことの多い小学校低学年・中学年児童よりも，むしろ，「抽象的思考」が可能な小学校の高学年の児童や中学校の生徒にこそ，効果的な指導方法であると言えます。それだけに，現状は残念という他ありません。

（2）「役割演技」等の活動の再定義　〜場面再現の「動き」〜

 Q 「役割演技」等と「場面再現の『動き』」のある授業の動作化の違いは何ですか？

 A 「動き」のある授業は，教材上の設定に沿って，その場面の「音」や「状況」，登場人物の「思い」「せりふ」「表情」「行動」などを，個人だけなく，ペアやグループ，学級全体等，様々な形態で表現する活動です。「役割演技」のように，役割を決めるなどの事前の準備がいりません。

　「実践の可能性を高めるためには，まず，教師や生徒の負担感を軽減する必要がある」と私たちは考えました。実際の学校現場では，研究授業の反省会などで，「今の活動は，『役割演技』であったか？『動作化』であったか？」が議論になることがあります。そうした分類そのものが，先生方に，これらの活動を行うことへの「煩わしさ」を増幅させている一因であるとも考えられます。

　しかし，その活動がどちらかであったかという「分類」が大切なのではなく，まさに今行われた活動が，「子供たちが物語の登場人物に深く『自我関与』できたのかどうか？」「自己の（人間としての）生き方についての考えを深めることに役立ったのか？」こそが問われるべきなのではないでしょうか。

　そこで，私たちは，ここまで「役割演技」等の活動と呼んできた疑似体験的な表現活動を，「役割演技」や「動作化」等と区別せず，あえて一括りに捉え，改めて，「場面再現の『動き』」と名付けて，以下のように定義することにしました。

■場面再現の「動き」（定義）

　教材上の設定に沿って，その場面の「音」や「状況」，登場人物の「思い」「せりふ」「表情」「行動」などを，個人だけなく，ペアやグループ，学級全体等，様々な形態で表現する活動。

　この再定義によって，まずは，これまで道徳科の授業に取り入れられる

ことがためらわれていた「役割演技」等の活動（＝疑似体験の「動き」）が，どんどん取り入れられるようになってほしいという，私たちの願いも込められています。

「疑似体験の『動き』」有効性について，私たちは，以下のように考えています。

■**場面再現の「動き」の有効性**

役割演技等の活動の長所を活かしつつ，せりふや場面状況を再現する活動を，短時間・その場で取り入れることで，

①授業者である教師が，実践しやすい。

②児童生徒にとって，教材内容の理解が容易になり，「自分ごと」として考えやすくなる。

③特に，言語活動が苦手な児童生徒にも考えやすい学習環境を整え，どの児童生徒にとっても，活躍の場を保障できる。

④「生き方についての考えを深める」道徳科授業の実現に大いに役立つ。

本書では，これまで**「役割演技」等の活動**と表わしてきたものを，これ以降は，全て，**場面再現の「動き」**と表わすこととします。

（3）場面再現の「動き」における 5 つの形態

 場面再現の「動き」とは，具体的にどんな授業形態になるのですか？

 5 種類あります。
a) 教師代替の「動き」
b) 全員参加の「動き」
c) グループ（ペア）の「動き」
d) その場での「動き」（1 人の「動き」）
e) 代表生徒の「動き」

20

a) 教師代替の「動き」

教師代替の「動き」とは，以下の「動き」のことです。

a) 教師代替の「動き」

　教材上の表現からは考えにくい場面や生徒が恥ずかしがって演じたがらない場面などで，教師が生徒に替わって再現化することで，生徒の考えの「呼び水」として行う「動き」。

　教師代替の「動き」は，決して正解を誘導するものではなく，想像のきっかけになる程度の「動き」を目的としています。この「動き」の後，生徒自身が思い思いの「動き」を考えることになります。

　図6は，『背番号10』（文部科学省）[2)]の中心場面で，主人公が二度頭を下げるシーンです。二度頭を下げるときの主人公の思いの違いを考える呼び水として行っています。本来であれば行う必要がない「動き」ではありますが，この授業では，生徒の反応が薄かったという実態を踏まえて行うことにしました。

　教材が長文であったり，内容が複雑であったりして，授業者がそれを言葉だけで説明すると，さらに混乱を招くことがある場合にも，この教師代替の「動き」をすることで，それらの問題を緩和することができるというメリットもあります。

　また，逆に，デメリットとしては，

図6　教師代替の「動き」

『背番号10』（文部科学省）

授業者の思いが反映された再現をしてしまうと，「それが正解」と生徒をミスリードしてしまうことがあります。この場合，ねらいとする道徳的価値を押し付けてしまう場合もあるので，注意しなければなりません。

　教師代替の「動き」ができる教材には，他に，『加山さんの願い』（文部省）[3)]，『タッチアウト』（廣済堂あかつき）[4)]などがあります。

b) 全員参加の「動き」

　全員参加の「動き」とは，以下の「動き」のことです。

b）全員参加の「動き」

　教材上に描かれている場面を，学級の「全員」で再現し，一体感を
もって考える場合に活用する「動き」。

　図7は，『バスと赤ちゃん』のバス
全体に拍手が広がる場面の再現で
す[5]。生徒は，学校生活の様々な場面
で，拍手のもつ意味を理解していま
す。そこで，筆者である中野さんが
16年間忘れ得ぬ思い出になった感動
の拍手を再現することで，より深く自
我関与できるようにしています。

図7　全員参加の「動き」

『バスと赤ちゃん』（学研みらい）

　この「動き」のメリットは，教材上の場に自分がいるかのような臨場感
を実感できることにあります。特に，拍手などの「音」を再現することが
できる教材ではその効果を発揮します。そのため，情景を教師側が言語で
詳細に説明する必要がなくなり，生徒にとって教材解釈が容易になり，そ
の結果，深く自我関与できるようになるのです。

　デメリットは，活用することができる教材が少ないことです[6]。全員参
加の「動き」ができる教材には，『二枚の写真』[7]などがあります。

c）グループ（ペア）の「動き」

　グループ（ペア）の「動き」とは，以下の「動き」のことです。

c）グループ（ペア）の「動き」

　教材上に描かれている場面を2〜3名の少人数で再現する「動き」。
それぞれの配役を交代しながら再現し，それぞれの立場によって考え
方が違うことを，より深く実感するために行う「動き」。

　図8は，『仏の銀蔵』（文部科学省）[8]の村人と銀蔵の会話の再現です。
この教材は，道徳的問題を村人と銀蔵，双方が抱えているという特徴があ
ります。そこで，4つの場面での銀蔵と村人の会話を再現することで，よ

り深く自我関与できるようにしています。

この「動き」のメリットは，登場人物の考えの違いを実感しやすいことにあります。短いシナリオが用意できれば，配役を交代しながら何度も再現することができます。また，少人数で行うため，生徒同士の互いの表情を確認

図8　グループ（ペア）の「動き」

『仏の銀蔵』（文部科学省）

しやすく，どうしてそのような行動・表情になったのかを気軽に交流しやすいというメリットもあります。その結果，広い視野から考えることができるようになるのです。

デメリットは，グループで意見が合わないときに対応が必要になるということです。3人以上になると読み取りに差が出てしまうことがあり，再現がちぐはぐになることも予想されます。授業者は「動き」を入れる必要性を十分に事前検討し，ある程度円滑にできる場面を設定することが必要です。グループ（ペア）の「動き」ができる教材には，『帰郷』（文部科学省)[9]や『嵐の後に』（文部科学省)[10]などがあります。

d）その場での「動き」（1人の「動き」）

その場での「動き」とは，以下の「動き」のことです。

d）その場での「動き」（1人の「動き」）

教材上に描かれている場面を自分自身でその場で再現する「動き」。

図9は，『銀色のシャープペンシル』（文部省)[11]の主人公が夜空を見上げ，深呼吸をして歩く向きを変える場面の再現です。嘘をついたことや友人を裏切っていることへの後悔，反省，それでも何とかしたいと思う希望など，一連の「動き」を再現することで様々な感情が実感をもって沸き上がってくるため，自我関与がより深くなります。

この「動き」のメリットは，自分のペースで考えられることです。「動き」によって自己の内面に問いかけ，新たな気付き，発見を自分自身でつ

かむことができます。また，新たな疑
問が浮かび，自己への問いが自分自身
によって生まれることもあります。こ
の思考過程は，次項で解説する「自己
評価力」の向上にも大きな影響を与え
ることができます。

図9　その場での「動き」

『銀色のシャープペンシル』（文部省）

　デメリットは，思考が固まってしま
う生徒への対応が必要となる点です。
教材の難易度や生徒自身の精神状態などにより，登場人物に自分自身を重
ね合わせることができない，教材そのものが理解できないなどといったこ
とが起こりえます。このような場合には，思考の呼び水として教師代替の
「動き」を併用したり，グループで互いの「動き」を観察し合うなどの対
応が必要になります。
　その場での「動き」（1人の「動き」）ができる教材には，『町内会デ
ビュー』（文部科学省）[12]，『裏庭での出来事』（光村図書）[13]などがありま
す。

e）代表生徒の「動き」

　代表生徒の「動き」とは，以下の「動き」のことです。

> #### e）代表生徒の「動き」
> 　教材上に描かれている場面を代表生徒が再現する「動き」。

　教材によっては，再現しづらいものもあるので，ある一定の「納得解」
を得られた生徒が出たときに，他の生徒の思考の呼び水として行うのが，
この「動き」になります。
　図10は，『吾一と京造』（学研）[14]の京造が教室で吾一の前に立つ場面
の再現です。この授業では葛藤する吾一ではなく，考えがぶれない京造に
焦点を当てた授業を行っています。そのため，なかなか意見が出てきませ
ん。そこで，考えがまとまった生徒に，まず再現してもらい，他の生徒の
思考の呼び水としました。

この「動き」のメリットは，考えが思いつかない生徒に対し，仲間の力を活用して思考の呼び水にすることができることにあります。生徒間の対話は，言語活動だけに頼るものではなく，再現化によっても可能です。授業の主役が生徒となり，自分たちの力で気付き，発見することができる環境を

図10　代表生徒の「動き」

『吾一と京造』（学研みらい）

整えたいものです。この環境から培われる自己評価力は，より確固たるものになると考えます。

　デメリットは，通称「道徳リーダー」と呼ばれる，いつも積極的に意見を出す一部の生徒の意向に流れてしまいがちになってしまうという点です。道徳リーダーばかりを代表生徒に指名することなく，生徒全員がフラットな関係で自己の考えを表現する場を整える必要があります。この「動き」ができる教材は，『闇の中の炎』（文部科学省）[15]，『言葉の向こうに』（文部科学省）[16] などです。

1）早川裕隆『実感的に理解を深める！体験的な学習『役割演技』でつくる道徳授業』，明治図書出版，2017年
2）『背番号10』（文部科学省　中学校道徳　読み物資料集）
3）『加山さんの願い』（文部省 道徳教育推進指導資料）
4）『タッチアウト』（廣済堂あかつき　中学生の道徳　2 自分を考える）
5）『バスと赤ちゃん』（学研みらい「中学生の道徳　明日への扉1年」）
6）磯部一雄による調査「月刊『道徳教育』明治図書出版に掲載された『役割演技等』の実践報告数の割合」（1961年5月号〜2018年4月号の57年間）
7）『二枚の写真』（廣済堂あかつき　1 自分を見つめる）
8）『仏の銀蔵』（文部科学省　中学校道徳　読み物資料集）
9）『帰郷』（文部科学省　中学校道徳　読み物資料集）
10）『嵐の後に』（文部科学省　中学校道徳　読み物資料集）
11）『銀色のシャープペンシル』（文部省　読み物資料とその利用3）
12）『町内会デビュー』（文部科学省　中学校道徳　読み物資料集）
13）『裏庭での出来事』（光村図書「中学道徳1」）
14）『吾一と京造』（学研みらい「中学生の道徳　明日への扉1年」）
15）『闇の中の炎』（文部科学省　中学校道徳　読み物資料集）
16）『言葉の向こうに』（文部科学省　中学校道徳　読み物資料集）

5
道徳科における「評価」の現状と課題

　ここでは，「動きⅡ」の必要性について，道徳科における評価の視点から，説明をしていきたいと思います。

　従来の「道徳の時間」が「教科化」された目的の1つに，「評価の充実」があります。これまでは，道徳教育全般において，生徒の「道徳性の実態を把握して指導に生かす」ことが求められてきましたが，道徳科となって，生徒の「学習状況や道徳性に係る成長の様子を継続的に把握し，指導に生かす」という，より具体的な表現で，「評価」することが求められることになりました。

　このことは，単に，しっかりと評価を行うということだけを示しているわけではありません。道徳科の授業を「評価」の視点から今一度捉え直し，改善や工夫をしていく必要があることも示しているのです。

（1）道徳科における評価の現状と課題

　小学校，中学校共に全面実施を迎えた現時点でも，道徳科の評価について，各学校で十分にその本質を理解し，実践しているとは言い難い現状があり，次のような課題が見られます。

①「どのように見取るのか」よりも，「どのように記載するのか」が重視されがち
②「生徒の学びの評価」と「道徳科の授業評価」とが別々に考えられがち
③教師（＝評価者），生徒（＝被評価者）と固定的に捉えがち

①「どのように見取るのか」よりも，「どのように記載するのか」が重視されがち

　児童生徒の学習状況や道徳性に係る成長の様子を「どのように見取るのか」よりも，「指導要録にどう書くか」「記述の際の語群が…」「どのよう

に記載するのか」が重視されがちな傾向がまだまだ強いのが現状です。

これでは，安易な「語群からの言葉選び」等によって生徒の学びの「実態」を正しく捉えない評価になってしまう可能性があります。

②「児童生徒の学びの評価」と「道徳科の授業評価」とが別々に考えられがち

「通知表や指導要録にどう書くか？」ばかりに心が奪われていると，「評価論」（＝どのように評価するか？）と「授業論」（＝どんな授業をするか？）が，別々に語られがちになってしまいます。

③教師（＝評価者），生徒（＝被評価者）と固定的に捉えがち

「授業者である教師が生徒を評価する」ということだけにとらわれていると，生徒を授業改善のための「評価者」と位置付けられないという課題が生まれます。

さらに，授業中に，生徒自らが自分の「生き方」や「在り方」を振り返ることができるような「自己評価」「相互評価」を生徒の学習活動として位置付けられないという課題にもつながります。

 道徳科の評価は，何のために行うのですか？

 生徒にとっては，自らの成長を実感し，意欲の向上につなげていくものとして，教師にとっては，目標や計画，指導方法の改善・充実に取り組むための資料として活用するためです。

（2）道徳科の評価の2つの側面

道徳科の評価は，生徒の学習状況や道徳性に係る成長の様子を様々な方法で捉えて，個々の生徒の成長を促すとともに，それによって，教師自身も自らの指導を評価し，改善に努めるためのものでなければなりません。

これは，道徳科の評価には，以下の2つの側面があることを示しています。

① 「生徒の成長を支援するための評価」
② 「道徳科の授業を改善するための評価」

① 「生徒の成長を支援するための評価」
　「生徒の成長を支援するための評価」とは，教師が，授業中の生徒一人一人の学習状況や道徳性に係る成長の様子を，他者とは比較せず，あくまで，「個人内評価」で見取る評価のことです。
　その際には，「生徒一人一人のよさを積極的に見取る」という個別性を，第一に重視しなければなりません。学期末，または学年末に，「数値」ではなく，生徒のよい点や進歩の状況を，「記述」によって，大くくりの評価として，通知表や指導要録に記載するのです。
　大くくりの評価とはいえ，その評価は，毎回の授業における生徒一人一人の学びの姿が蓄積されたものであるということは，言うまでもありません。

② 「道徳科の授業を改善するための評価」
　道徳科の評価には，教師が授業中に行った自らの指導を振り返り，それを次の授業に生かしていくという意味での，「道徳科の授業を改善するための評価」という側面もあります。

（2）「評価」を生かした授業づくりに必要な視点
① 「生徒の学びの評価」と「道徳科の授業評価」とを一体化させる視点
　道徳科の授業を通して生徒の成長を願うのであれば，生徒の学習状況を把握し，「評価」したことを生徒に伝えるだけでは不十分です。生徒の成長に寄与できるような授業を構築していくための，授業改善の参考資料として，活用していくことが必要です。
　つまり，生徒の学びに対する評価と授業者の指導に対する評価は，一体のもの＝**「指導と評価の一体化」**でなければならないのです。
　例えば，小学校中学年の『なしのみ』という教材で授業をした際に，内

容項目 A（2）の「正直，誠実」を主題としているにもかかわらず，C（14）「家族愛，家庭生活の充実」に関する児童の発言ばかりが目立ち，感想や振り返りでも，家族に関するものが多く，「正直，誠実」に関する気付きがほとんどない場合，授業中の児童の学びの姿そのものが，授業者である教師の発問の仕方や板書の工夫などの指導過程や方法に対して，改善を求める「評価」を下していると言えるでしょう。

教師は，授業後の生徒の振り返りや感想などを参考にしながら，次時以降の授業改善に努めるのはもちろんのこと，1時間の授業の中においても，その時々の学習状況を見取りながら，その都度，指導の改善や軌道修正に努めることが必要です。

図11　道徳科の授業における評価

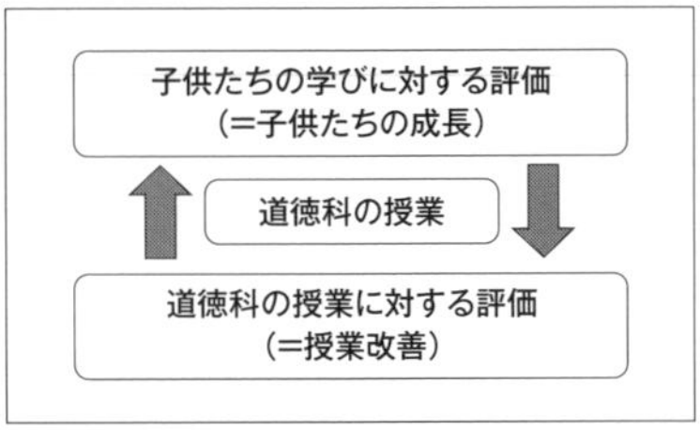

```
┌─────────────────────────────────┐
│   子供たちの学びに対する評価      │
│   （＝子供たちの成長）           │
├──────┬──────────┬──────────┤
│  ↑   │ 道徳科の授業 │   ↓      │
├──────┴──────────┴──────────┤
│   道徳科の授業に対する評価       │
│   （＝授業改善）                │
└─────────────────────────────────┘
```

授業中においては，発問に対する生徒のそれぞれの答えに対して，どうしたら，さらに深めることができるのかを考え，「揺さぶり」や「問い返し」などの追発問をしていくことも，生徒の学習状況の評価と授業改善を一体化させた取組であると言えます（図11参照）。

②生徒の「自己評価力」を育成する視点

私たち教師は，ややもすると，自らを「評価者」，生徒を「被評価者」と，固定的に捉えがちです。しかし，教師は，生徒の学習に対する「評価者」であるだけなく，生徒の学習状況によって，自らの指導の在り方を，常に評価されている「被評価者」の立場にあるとも言えます。

一方，生徒にとっては，教師だけが「評価者」ではありません。共に授業に参加し，共に学んでいるクラスメイトは，「相互評価者」として大切な存在です。授業中のペアやグループでの交流も，相互に評価し合う活動に発展させていく必要があります。

そして，何よりも，**私たち教師は生徒一人一人を，自己の学びをしっかりと評価でき，これからの生き方に反映させていく「自己評価者」として育てていかなければなりません。**

生徒自身が「自己の学びを評価できる力」「生き方についての考えを深める力」を身に付けていくためにも，教師による「評価」が必要なのです。教師が生徒の学びを評価し，それを通知表等で評価文の形で伝えるのは，そのための支援の１つに過ぎないのです。

　生徒自らが，自分自身の学びに対する評価をするという，自己の生きる力の育みにつながる評価こそが，道徳科の評価の原点であることを認識しなければなりません。

6
提案！ 「動き」Ⅱのある授業

（1）「自己評価力」を育成する道徳科授業の可能性

　道徳科の授業において，「自己評価力」育成の必要性については，少しずつではありますが，ここ近年，語られるようになってきました。

　押谷由夫氏（2013）は，「道徳の時間」を「道徳科」へと改革する端緒を開くことになった中央教育審議会道徳教育専門部会の議案に関する意見で，以下のように述べています[1]。

> 「特別の教科　道徳」（仮称）の評価は，児童生徒自身が自己評価力を高め，課題を見いだし，自己指導できる力の育成に資するようにすることが大切です。

　確かに，生徒の「自己評価力」の育成の重要性を指摘したという点において，画期的ではありますが，どのように生徒の「自己評価力」を高めていくのかを，具体的には示していません。

　また，西野真由美氏（2018）は，自己評価力について以下のように指摘しています[2]。

> （前略）大切なのは生徒が「自己を見つめる」学習活動です。道徳科における評価の主役は，生徒自身が自己を見つめる自己評価なのです。
> ①めあてや目標をもって授業に臨み，
> ②学んだことや気づきをふり返り，
> ③課題や新たな問いを見いだす。
> 　この一連のプロセスで自己を見つめる力を育てられるよう，教師が生徒の学びの成長に気づきを促したり自己評価の理由を尋ねたりしながら，よさを見いだし励ます対話的な評価が求められます。

　西野氏は，授業中における生徒の「自己を見つめる」（＝自己評価）の活動の重要性については，押さえていますが，「評価者は教師，被評価者

は生徒」という立ち位置は，まだまだ限定されており，生徒が自己の成長を実感するために，「生徒自身が自己に対する評価者になる」という視点が欠けています。

また，東風安生氏（2019）は，生徒による「自己評価」を以下のように定義付けています[3]。

自己評価とは，
①児童生徒本人が，
②道徳科の学習で気付いたことや発見したことなど授業を通して理解したことを，
③道徳ノートやワークシートに記入したり，発表したりする活動を通して，
④授業の終末（学期や学年の節目など）に，ふりかえることである。

これは，「振り返り（＝評価)」の時期を授業の「終末」に限定しており，学習活動全体の生徒自身による「自己評価活動」の視点が欠けています。

これらの主張に共通しているのは，道徳科の授業における生徒の「自己指導力」育成の必要性です。しかし，残念ながら，まだまだ，従来の「評価」観の枠内で語られています。

図12　指導と評価の一体化[4]　　　図13　（学習)活動と評価の一体化[5]

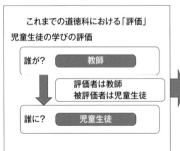
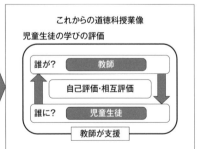

これまでは，教師にとっての「指導と評価の一体化」（図12）の視点を大切にしてきましたが，これからは，さらに，生徒にとっての「（学習）

活動と評価の一体化」（図13）の視点から，授業中に「評価」の学習活動を具体的に位置付ける必要があるのです。

（2）育成すべき「自己評価力」

 Q 道徳科の授業で育成すべき「自己評価力」にはどんなものがありますか？

 A 7つあります。そして，それらは，「動き」のある授業によって，育まれていくのです。

道徳科の授業における自己評価力には，次のようなものがあります。

■道徳科の授業で育成すべき「自己評価力」
①自分自身の過去の行為を見つめる力
②自分自身の「前理解」を見つめる力
③自己の前理解と登場人物の考えの違いを見付け，考え，判断する力
④他者との対話の中から，他者の考えと自己の考えを比較し，判断する力
⑤自己の内面との対話の中から，道徳的問題を見いだし，考え，判断する力
⑥自己の学習状況を的確に振り返る力
⑦自分自身のこれからの生き方の考えを深める力

①自分自身の過去の行為を見つめる力
　道徳科で活用する教材には，
　　・登場人物が道徳的行為について何らかの失敗を起こし，何かをきっかけにその失敗を深く考えるストーリー
　　・登場人物の誠実，思いやりあふれる行為など，その道徳的行為が道徳的価値そのものを体現しているストーリー
が多いという特質があります。この場合，生徒は自分の過去を振り返り，似たような経験を登場人物の行為に重ね，生徒自身の行為の良し悪しを見

つめることになります。この過去を振り返り，良し悪しを見つめる力が「自己評価力」と言えます。

②自分自身の「前理解」を見つめる力

　道徳科の授業で教材を読み，登場人物の道徳的行為の良し悪しを見つめる場合，その判断の基準が必要になります。その基準は，生徒自身が授業以前から持ち合わせている理解（＝「前理解」）に基づくと言えます。

　しかし，教材を読んだ時点（＝教材との対話）で，道徳的行為だけでなく，道徳的価値そのものに対する「前理解」についても，何らかの矛盾や差に気が付くことがあります。その矛盾，差に気付き，見つめる力が「自己評価力」であると言えます。

③自己の前理解と登場人物の考えの共通点や差異を見付け，考え，判断する力

　道徳科の授業は，登場人物の道徳的行為をもとに，その行為に対する思いや考えから，ねらいとする道徳的価値そのものに向き合い，生徒自身が人間としてのよりよい生き方の考えを深めます。

　自己の前理解と登場人物の考えに共通点があれば共感や同感に，差異があれば疑問につながります。この共通点や差異を見付け，考え，判断する力が「自己評価力」であると言えます。

④他者との対話の中から，他者の考えと自己の考えを比較し，判断する力

　道徳科では，一読後，授業者の問いと他の生徒との対話から授業が展開されます。この対話の中に，「動き」のある授業を加えることで，生徒自身の前理解に強い刺激を与えます。この刺激により，新たに生まれ始めた自己の考えと他者の考えの差異を見いだして比較検討し，判断することになります。この比較し，判断する力が「自己評価力」であると言えます。

⑤自己の内面との対話の中から，道徳的問題を見いだし，考え，判断する力

　道徳科の授業が展開され，他者との対話が進むことで，再度，自己の考えに向き合うことになります。このとき，何が問題であるかに気付き，発見し，内省と自問を繰り返し，ある一定の自分なりの「納得解」を得る過程があります。この気付き，発見し，内省と自問を繰り返すことができる力が「自己評価力」であると言えます。

⑥自己の学習状況を的確に振り返る力

　道徳科の授業では，終末に振り返り活動を行います。そのとき，生徒自身が学習活動の状況自体を振り返ることは，その後の学習活動の向上，改善につながります。

　そうすることで，次回以降の授業に対する意欲が高まり，道徳性に係る成長にも影響を及ぼします。この向上，改善に向け，自己の学習状況を的確に振り返る力が「自己評価力」であると言えます。

⑦自分自身のこれからの生き方の考えを深める力

　道徳科の目標は，よりよい「人間としての生き方についての考えを深める」です。「深める」とは，教材と出会い，自己と他者と対話し，「前理解」の段階の考えから，さらに，生き方についての考えが深まることを示しており，その自覚が意識されることで，生徒は，道徳性に係る成長につなげることができます。

　そのためには，「前理解」の段階，他者，自己との対話の段階，そして振り返りでの学習活動を含めた自己の振り返りの段階，というそれぞれの段階で，「動き」のある授業を行い，自分自身のこれからの生き方の考えを深める力を育む必要があります。この力こそが，「自己評価力」であると言えます。

　1）『第6回　中央教育審議会道徳教育専門部会の議案に関する意見　押谷由夫主査提出資料』，2013年

2）「生徒が主役の評価に取り組もう」『教育出版HP』，2018年
3）「『特別の教科　道徳』を通した豊かな情操をもった子どもの育成」　日本道徳教育学会　第92回研究発表大会　シンポジウム資料より，2019年
4），5）磯部一雄，近野秀樹，杉中康平「児童生徒一人一人の目が輝く道徳科の授業　『動き』のある授業で自己を見つめ，生き方についての考えを深める子どもを育てる」日本道徳教育学会　第92回大会自由研究発表資料，2018年

7
「教科」時代の特別支援学級における道徳科授業の現状と課題

Q 特別支援学級も，通常学級と同じ指導計画で道徳科の授業を行っているのですか？

A 残念ながら，公開されている実践が極めて少なく，実態を把握できていません。

　令和元年度時点で，特別支援学級単独の学習指導要領は存在していません。

　したがって，「学習指導要領に**準ずる**」という形で教育課程が編成されています。

　準ずるということは，基本的に「同じ」であると解釈するならば，年間指導計画に基づき，適切に評価を行う必要があります。しかし，

・**特別支援学級の道徳科年間指導計画が準備されていない学校が多い**
・**児童生徒の支援の実態に応じた教材が十分に確保できていない**

といった実態があります。

　これを裏付ける一資料として，資料4があります。これは，月刊『特別支援教育研究』（東洋館出版社）に掲載された道徳科の授業に関わる過去10年間の授業実践報告数を調査したものです[1]。

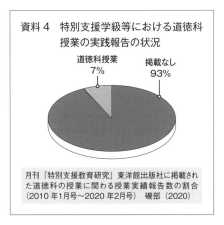

資料4　特別支援学級等における道徳科授業の実践報告の状況

道徳科授業 7%　掲載なし 93%

月刊『特別支援教育研究』東洋館出版社に掲載された道徳科の授業に関わる授業実績報告数の割合（2010年1月号〜2020年2月号）　磯部（2020）

　右のグラフからも分かるように，全掲載数に対し，道徳科の授業に関する報告は**わずか7%**しかなく，さらに単発の授業実践報告が多く，年間指導計画との位置付けなどは見えてきません。

資料５は，近年の日本道徳教育学会における自由研究発表における特別支援教育関連の発表が占める割合を示しています。12年間の全発表の中で，特別支援教育関連の発表は，**わずか3%**しかありません[2]。

さらに，日本道徳教育学会の紀要に掲載された論文は，加藤英樹氏（2014）による実践研究論文しかありません[3]。

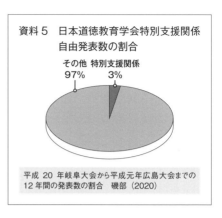

資料5　日本道徳教育学会特別支援関係
自由発表数の割合

その他　特別支援関係
97%　　3%

平成 20 年岐阜大会から平成元年広島大会までの
12 年間の発表数の割合　磯部（2020）

学会レベルでも，その実態を把握することが大変難しい状況なのです。

その要因について，

（1）特別支援学級における道徳科の年間指導計画の問題
（2）特別支援学級における道徳科の授業で扱う教材の問題

に絞って，以下に説明します。

（1）特別支援学級における道徳科の年間指導計画の問題

道徳科は，中学校であれば22の内容項目を計画的に配置し，35時間の授業を行うことが規定されています。たとえ学校の重点課題が「思いやり・感謝」であっても，年間35時間全てを「思いやり・感謝」の授業に当てることはできません。22の内容項目を1つでも欠くことになれば，それは未履修になってしまいます。検定教科書はその点を考慮し，内容項目をバランスよく配置したページの構成がなされています。

学習指導要領改訂以前でも，適切に年間指導計画を立て，計画的に指導を行うことが求められてきました。今回の改訂では，指導要録の記載が義務付けられたこともあり，指導計画をより明確にし，道徳科の評価も計画的に，継続的に実施することが求められています。

しかし，特別支援学級の道徳科の授業については，児童生徒の実態に加

え，（2）で示す教材の問題もあり，計画的に実施できていない実態も見られます。

　道徳科は，「読む・書く・聞く・話す」の言語活動を基本として学習活動を行いますが，「人間としての生き方の考えを深める」（中学校学習指導要領　道徳）とされていることを踏まえると，もっとも求められていことは「考える」ことです。

　よって，生徒の実態を踏まえ，一人一人がしっかりと考えることができる環境を整えることで，計画的な実施は可能になるはずです。

（2）特別支援学級における道徳科の授業で扱う教材の問題

　道徳科では，教科書もしくは行政が選定した「教科用図書」のどちらかを必ず活用することが義務付けられています。しかし，特別な支援を要する生徒が，そのまま教科書を活用できるかと言えば，非常に難しいという実態があります。

①教科書を使用する場合の課題

　そもそも教科書は，教材によっては，振り仮名を付ける必要がある言葉，注釈を加えないと通常学級の生徒でも理解が難しい用語も含まれています。また，範読に 10 分以上かかる教材も多数あり，文字情報量の多さから教材内容を十分に理解するのが難しい場合も多々あります。

　この教材理解の難しさについては，以前から指摘されており，「特別支援学級で道徳科の授業をする場合には，教科書は使えない」という声にもつながっています。

②行政が選定した「教科用図書」を使用する場合の課題

　検定教科書を採用しない場合，それに代わる「教科用図書」の使用が義務付けられています。その選定は行政単位で行われており，学校からの申請によって無償配布がなされます。しかし，法令によって教科書と同金額相当のものという規定があり，その価格帯にあったものしか，選定することができません。年間 35 時間の使用に適した「教科用図書」の無償配布

は，極めて難しい現実があります。

　実は，令和元年度4月，札幌市内のある学校では，次のような出来事がありました。

> 　4月2日，「教科用図書」が届く。それは厚さ1cmの絵本。学年別に分けられたものではなく，全学年同一の絵本である。表紙はハードカバーのため，ページ数はごく僅か…。
> 「これは使えない…。返却しよう…」。
> 再度，申請を行って教科書に戻すことになった。

　教科書と市販の絵本の内容を同一の基準で比較する気など毛頭ありませんが，これが実態です。次年度「教科用図書」の変更がなければ，3年間全く同一の絵本が配布されることになります。そして，その絵本を使って，3年間，道徳科の授業をしなければならないのです。

　この問題は，学校単位で解決できるものではありません。道徳科が抱える制度上の問題とも言えるのではないでしょうか。

1）磯部一雄による調査「月刊『特別支援教育研究』東洋館出版社に掲載された道徳科の授業に関わる授業実践報告の割合（2010年1月号～2020年2月号）」，2020年
2）磯部一雄による調査「日本道徳教育学会　特別支援関係・自由発表数の割合（平成20年岐阜大会から平成元年広島大会）」，2020年
3）加藤英樹『道徳と教育』第332号「特別支援教育における道徳教育～学習指導要領での位置付けと教育現場での実践～」日本道徳教育学会，2014年

8

特別な支援を要する児童生徒一人一人が，人間としての生き方の考えを深めることができる道徳科授業の実施に向けて

　前項でも述べたように，道徳科における「自己評価力」育成の必要性については，これまでも語られてきました。

　特別な支援を要する生徒が考えることができる環境を，私たち教師が整えることで，それは可能になります。

　そこで，特別な支援を要する生徒が考えることができる環境を整えるポイントについて，

（1）教材提示の工夫
（2）効果的な「動き」のある授業の工夫

に絞って，以下に説明します。

（1）教材提示の工夫

 教科書を使った授業は，特別支援学級では難しいと思うのですが？

 教材提示の工夫をすることで，教科書を使うことは可能です。

　「特別支援学級で，教科書を使った授業なんて，無理！」。

　大変残念な言葉ですが，学校現場ではよく聞く言葉です。生徒の実態は様々で，確かに教科書の文字を追うことが困難な生徒がいるかもしれません。文字が理解しにくいのであれば，教材提示の創意工夫を凝らせばいいのです。

①教材の簡素化（＝リライト）

　文字情報量を極力少なくし，難解な言葉を平易な言葉に変換し，難読語句には振り仮名を付けることで，教科書教材を活かすことは十分可能で

す。

　中学校の教材は，通常学級の生徒でも読み間違いを起こしたり，内容を的確に把握しづらいものもあります。リライトすることで，この問題を改善することができます。

　本校で，教材をリライトする場合には，できるだけ A4 用紙 1 枚にまとめるようにしています。令和元年度は，複数の協力校とともにリライトした教材を活用して特別な支援を要する生徒との授業を進め，実践を重ねています。

Q 教科書をリライトして，問題はないのですか？

 A 教材提示の工夫なので，可能です。しかし，研修会等での使用等については，許諾を得る必要があります。

　教科書の教材にも，著作権があります。ここで紹介している例は，あくまで目の前の生徒への教材提示の工夫の一例として示しています。

　研修会等での使用については，教科書会社の許諾を得る必要があります。

Q 簡単にリライトできないと思うのですが？

 A その教材がもっている特質等を生かすことで，リライトは可能になります。
ぜひ，挑戦してみてください！

　教材には，特質があります。その特質を理解せず，ただ文字数を削減してしまうと，考えるべき「道徳的価値」がズレてしまうことがあります。

　また，リライトする教師の思いが強く反映されてしまい，場合によっては「押しつけ」に感じられてしまうようなことも危惧されます。

　しかし，教科書の教材を活かして，生徒に人間としての生き方を考えさせたいと思うならば，ぜひ挑戦してほしいと思います。

②教材の一部を活用

　リライトが困難な場合，教材の一部だけを活用して提示することも可能です。

　『私が働く理由』（光村図書「中学道徳1」）は，2部で構成されているので，その1つを活用することで，ねらいに迫ることができます。

　同様に，『言葉おしみ』（東京書籍「新しい道徳3」）は，3部作で構成されているので，その1つを活用することができます（実践内容は，次章に掲載）。

③ ICTの活用

　どうしても，文字情報だけでは，教材の理解ができない場合があります。特に，自然環境に関わるような教材は，動画等を活用したほうがより効果的です。

　『火の島』（東京書籍「新しい道徳1」）は，キラウエア火山に関わる教材です。教科書の写真はそれなりの迫力がありますが，ネット上には動画が豊富にあって，より臨場感を感じながら，その実態を知ることができます。ICTを活用し，流れ下る溶岩流の様子，特にその音を聞くことで，生徒は自然の力に対する畏敬の念を感じることができます。

（2）効果的な「動き」のある授業による工夫

 Ｑ　場面再現の「動き」は，特別支援学級の授業でも有効ですか？

 Ａ　生徒の実態に合わせ，工夫をすることで，より高い効果を得ることができます。

　例えば，「役割演技」等の活動を授業に取り入れて，生徒に立場の異なる役割を与えて演じさせたとしても，ただ，教師の指示のままに動いてしまうだけの活動になってしまうようなことは避けなければなりません。

　これは，「動き」のある授業でも，同様です。

　生徒が，より主体的に，対話的に学習活動に参加できるよう，その実態

に即して，工夫することが大切です。

①「動きⅠ」＝場面再現の「動き」の工夫

　教師代替の「動き」は，特に有効です。この「動き」を入れることによって，生徒が深く考えるきっかけとなります。

　『「桃太郎」の鬼退治』（光村図書「中学道徳2」）は，鬼の子供が登場します。

　　「ボクのおとうさんは，桃太郎というやつに殺されました」。

という言葉を発する鬼の子の場面を，場面再現の「動き」として，教師代替の「動き」で行います。その表情や雰囲気を生徒は直感で感じ取り，自分とは違う，同じだ，似ているような感じがするなど，自分なりの考えをもてるようにします。その上で，その場の「動き」（1人の「動き」）で再現させて，考えを深めていきます。

　もちろん，特別な支援を要する生徒の実態によっては，最初からその場での「動き」をさせることもできます。

②「動きⅡ」＝対話・交流し，多面的・多角的に考える「動き」の工夫

　ホワイトボードとマグネットの活用が「動きⅡ」の核です。

　しかし，話すことはできても，書くことが苦手という生徒がいます。このような場合，つぶやいた言葉をどんどん黒板に書き記すような工夫が大切です。

　この場合，黒板はメモを残す機能を果たすことになります。この情報を少しでもつなぎ合わせることで，ホワイトボードへの記入負担が軽減されます。逆に，話すことが苦手だが，書くことはできるという場合には，何枚もホワイトボードを渡し，自由に表現させる工夫も大切です。過去の例では，ホワイトボード3枚に書き続けた生徒がいました。

　このような工夫をすることで，生徒の授業に対する主体性が高まり，対話的な活動が活性化します。その結果，広い視野から多面的・多角的に考えるポイントが，生徒自身の言葉によって生まれる可能性が高まります。

マグネットの活用は,「自己評価力」を高める手段でもあります。しかし,特別な支援を要する生徒の実態によっては,マグネットが自分のボードに置いてもらえない状況になると,主体性が一気に失われてしまい,自分の思いや考えに疑問を生み,自己否定に向かってしまう場合もあります。

　このようなことが懸念される場合は,教師も一評価者になって,生徒と一緒にマグネットを置く活動に参加するという工夫をすることが大切です。

第2章

「動き」のある道徳科授業のつくり方

実践編

1年生

ある日のバッターボックス

出 典
廣済堂あかつき「中学校の道徳 自分を見つめる 1」

「動き」	教師代替	全員参加	グループ	その場	代表生徒
教材情景の再現			○		○
音の再現			○		○
登場人物の思いを表現			○		○
生徒の自覚を表現			○		

主題とねらい

主題名 公正，公平な社会

ねらい 差別や偏見をなくすように努力し，誰に対しても公正，公平な社会の実現に努めようとする道徳的実践意欲と態度を育む。

教材の特質

（1）教材の概要

　筆者は，足に障害を抱え，日頃つまらなそうに学校生活を送っているＯが，クラスメイトと楽しそうにソフトボールをしている姿を見かける。彼らはＯと遊ぶために「DH（指名打者）＋代走ルール」を設けた。ピッチャーは手加減せずに思い切りボールを投げる。Ｏはそれを全力で打ち返し，仲間と喜びを分かち合う。その表情は学校では見せることのない表情であったことから，筆者は自分の考えをもう一度見つめ直す。

（2）教材の読み

- ●生き方の考えを深める人物 → 筆者
- ●考えを深めるきっかけ → Ｏと仲間たちが，独自のルールでソ

フトボールをしている姿

●考えを深める場面 → 生き生きとして喜びがあふれている姿
を見た場面

（3）ねらいに迫るために

ここに注目！ POINT

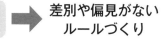

DH（指名打者）＋代走ルール ⇒ 差別や偏見がない
ルールづくり

この教材に登場する○を含めた子供たちは，差別や偏見をもたず，○を1人の人間として公平に接している。その中で生まれたのが，この独自のルールである。

そこで，独自ルールを考える場面を設け，子供たちの思いや考えをつかむことで，ねらいに迫っていく。

「動き」のポイント

1．道徳的諸価値の理解に基づく前理解を表出する「動き」

ピッチャーの投げるボールを○が打ち返したときに，仲間がその後ろから走り出してセカンドまで達し，互いに喜び合う場面を**代表生徒の「動き」**で再現し，3人の真剣な表情と，さらに生き生きとしている○の姿を実感するために行う。

2．道徳的価値に向き合い，自己を見つめる「動き」

「DH（指名打者）＋代走ルール」について○と一緒に考える場面を，**4人1組のグループの「動き」**で再現する。差別や偏見をなくそうという意識からくるものではなく，むしろ差別や偏見という考えに毒される以前の，人が生まれながらにしてもつ純真で平等な心が現れたことを深く考えるきっかけとして行う。

3．対話・交流し，多面的・多角的に考える「動き」

「なぜ，このルールを考えたのですか？」の問いに対する考えをホワイトボードに書き，マグネットによって対話・交流する。そして，自己評価と相互評価を繰り返し，考えを深めていく。

展開（例）

学習活動	授業の様子
教材の範読	●コの字型体型 ●「動き」を行う場を確保 

1．道徳的諸価値の理解に基づく前理解を表出する「動き」

■〇がヒットを打つ場面を**代表生徒の「動き」**で再現し，〇や仲間の真剣な様子，喜びを実感するために行う。

分担 〇：生徒1／ピッチャー：生徒2／代走：生徒3

「動き」のポイント

●バットを構える〇の表情。
●セカンドに達した代走選手とガッツポーズをする〇の姿。
●低めのボールを投げるピッチャーの表情。

「動き」のシナリオ 全て無言で行う。

生徒2：（真剣なまなざしでボールを投げようとするピッチャー）
生徒1：（絶対に打ち返そうとバットを構え，打つ〇）
生徒3：（セカンドに走り，ガッツポーズをする）
生徒1：（ガッツポーズに応える〇）

真剣なまなざしでボールを投げようとするピッチャー

絶対に打ち返そうとバットを構える〇

ガッツポーズに応える〇

教師の発問 〇はどんな表情をしていたと思いますか？

■主人公の思いをつ かむ。	●打ったときは真剣。 ●ヒットになった後は，うれしそう。 ●手をあげて喜んでいる。

２．道徳的価値に向き合い，自己を見つめる「動き」

■〇と一緒にDH＋代走ルールを考える場面を，**グループの「動き」**
で再現し，彼らが大切にしていることは何かを探る。

分担 〇：生徒１／友達１：生徒２

友達２：生徒３／友達３：生徒４

「動き」のポイント

●ルールを考え，言葉をかけ合う雰囲気，表情。

●〇の参加の様子。

「動き」のシナリオ

①「ソフトボールしよう！」

②「いいね，いいね」

③「　　　　　　　　　　　　」

※ここからは自由に考え，会話をする。

④「　　　　　　　　　　」

⑤「　　　　　　　　　」

⑥「　　　　　　　　　」

※２グループ程度，表現してもらう。

■道徳的価値に向き合い，自己を見つめる「動き」を表現する
ポイント
場面を想像し，「動き」を考える生徒
●〇がいるという前提で話し合う。
●遊びであっても，真剣にソフトボールをしたいという気
持ちで「動き」を考える。

■楽しそうにルールを考える仲間たちを演じる生徒
●言葉は全てアドリブで考え，自由で自然な会話を再現す
る。
●〇への意見表明，それに応える仲間の表情が，見る側に
伝わるように演じる。

3. 対話・交流し，多面的・多角的に考える「動き」

教師の発問

> なぜ，このルールを考えたのですか？

■○と共に生活するとき，彼らが大切にしたかった思いを深く考え，自己の考えをホワイトボードに書き，マグネットによる自己評価，相互評価を行う。

予想される
生徒の反応

- ・○だって審判だけじゃつまらない。みんなと一緒に遊べるソフトボールのルールにしよう!

- ・気遣いとかではなく，自分たちが○君と一緒に遊びたかったから。

- ・少しルールが違えども，みんなで同じスポーツを○君と楽しみ，喜びを共有したいから。

- ・○も一緒に誰でも楽しく遊べるようなゲームがしたかっただけ。

- ・○が障害をもっているから審判をさせるのではなく，障害に関係なく○ができる範囲のことを一緒にやりたかったから。

- ・皆が○君とたくさん遊びたいと思っているから。当たり前のこと。

彼らが大切にしたことは何か考える。

- ●一緒に遊びたかった。
- ●平等に接するのが友達だから。
- ●みんなで楽しみたかったから。
- ●いつもそうしているから。
- ●当たり前のことだから。
- ●○に笑顔でいてほしいから。

授業の振り返り

対話の中で心に残った言葉を選び，その人の名前と理由を書く。
※自分の言葉を選択してもよいこととする。

感想

感じたことを自由に記入する。

対話・交流し，多面的・多角的に考える「動き」（授業記録から）

授業者の動き	生徒の反応

取り上げたポイント

主題に関わるキーワード「平等」を焦点化し，この話において何が平等なのかを多面的に考えるために取り上げた。

■緑を置いた人は，どこに共感したのですか。

■何が「平等」なのですか。

- 自分も，気を遣わせたくないと思ったから。
- 一緒に遊ぶのに，変に気を遣わせたくない。
- そりゃ，平等でないと友達にならないと思う。
- 一緒に遊びたいという思いは平等。
- 人間としての存在は平等。
- できることは同じようにすることが平等。

取り上げたポイント

先生の行為は決して差別ではなく配慮であったが，結果として○の思いに応えていない。何が配慮であり，何が差別につながるのかを考えるために取り上げた。

■緑の人は，どこに共感しましたか。

■配慮することは，差別になりますか。

- 場合によると思う。
- ○は体育のとき，さびしそうだった。差別ではないと思うけど，○がどう感じたかが問題だと思う。
- 配慮は差別ではないけど，先生はきちんと○にできることを聞くべきだったと思う。

取り上げたポイント

配慮に悪意がなくても，受け止めは相手次第になる。そこで，「皆が楽しい」という視点から「配慮」をもっと広い視野から考えるために取り上げた。

■緑の人は，どこに共感しましたか。	●楽しくない遊びなんかない。
■Oにとって，楽しくないことは何ですか。	●配慮がいるようなら，遊ばないし，楽しくない。 ●遠慮されていること。 ●何か気を遣われていると感じること。 ●自分の話を聞いてくれないと感じること。
■配慮することは，迷惑ということですか。	●この場合は，Oは迷惑と考えていると思う。
■みんなはどうですか。	●Oにとっては迷惑で，一般的なこととは違う。 ●友達同士の配慮もあるけど，この場合は違うと思う。Oの思いを優先しないといけない。

取り上げたポイント

　笑顔＝喜びをキーワードに，相手の真の思いを生徒全員の共通理解として深めるために取り上げた。

■緑の人は，どこに共感しましたか。	●Oが楽しくないと感じていたのは分かっていたから，笑顔にしたいと自分も思うから。 ●友達が嫌だと思うことは，自分はしないから。
■皆はどうですか。	●（多数がうなずく）。

取り上げたポイント

　「仲間との遊び」「みんな」「楽しむ」。これらは重要なキーワードで，この要素との関わりの中で，同情心が入り込むすきまはないはずである。そこで，「ただ純粋に」の言葉から主題に深く迫るために取り上げた。

■青の人，何が聞いてみたいですか。	●「ただ純粋に」という言葉の意味を知りたくて。
■C君，どうですか。	●「ただ純粋に」は「ただ純粋に」です。
■もう少し詳しく。	●う〜ん，何も考えないこと…。
■緑の人，補足でき	●変な気遣いをしない，遠慮しない，それが友

ますか。

■「同情心がない」
も同じ意味ですか。
■同情心があった
ら，楽しめないの
かな。

達。だから，あんまり考えなくても仲間だから
一緒に遊べる。
●変に何か考えたら，遊べない。
●そう。

●当たり前！

取り上げたポイント

　「可能性は無限大」は，人間としての生き方
の考えを深めていくときに，心が元気になる
メッセージになる。単に，差別はダメだとい
う意識にとどまらず，より積極的に意識を高
めていくために取り上げた。

■緑の人は，どこに
共感しましたか。

■「可能性」って，
何？
■もう少し詳しく説
明して。
■誰か補足できる人
はいる？

■青の人は，どうで
すか。

●「可能性は無限大！！」って，よく分かるから。
●できないことを言うのではなく，できることを
探すって大事だと思う。
●気付いていないこと。

●う～ん？？

●自分に何ができるかなんて，誰にも分からない
から，気付いていないことはたくさんあると思
う。だから，無限にある…。
●皆の言いたいことは分かる。

グループの「動き」

	あかつき	光村	東書	学図	教出	日文	学研	日科	私・道	中・読
ネパールのビール	○(2年)							○(1年)		
仏の銀蔵	○(2年)	○(1年)						○(1年)		○
背番号10		○(3年)								
誰かのために	○(3年)							○(1年)	○	
ある日のバッターボックス	○(1年)									
裏庭での出来事	○(1年)	○(1年)		○(2年)	○(1年)	○(1年)	○(1年)			○
吾一と京造	○(1年)						○(1年)			
帰郷								○(3年)		○
嵐の後に								○(3年)		○
言葉おしみ				○(3年)						
一冊の漫画雑誌				○(3年)						
六千人の命のビザ				○(2年)		○(2年)	○(3年)	○(3年)		
一冊のノート	○(2年)	○(3年)		○(3年)		○(3年)	○(3年)	○(3年)	○	

生徒の感想（抜粋）

- みんなで平等に遊ぶことが一番大切だと思います。O君ができないことをみんなでカバーし合うことで，公平に楽しくできるのがいいと思います。もし，自分が走れない身体だとしたら，そうしてくれるとやっぱりうれしいし，みんなで思い出もつくれるからいいと思います。
- O君がみんなと遊ぶことが，当たり前であることが大切。言葉だと分かりづらいけれど，実際に動きながらやると，O君の気持ちを身をもって感じることができた。
- 変に気を遣ってしまうと相手にも伝わってしまう。気を遣うということ自体が，私は平等ではないと思うから，気を遣わないで一緒に遊ぶ。
- 筆者のような気遣いや思いやりは，O君にとっては同情や迷惑になることもあるので，そのような場面では相手の気持ちを考え，尊重し，公平

代表生徒の「動き」

	あかつき	光村	東書	学図	教出	日文	学研	日科	私・道	中・読
二枚の写真	○(1年)									
夜のくだもの屋	○(1年)			○(2年)	○(2年)	○(2年)				
ある日のバッターボックス	○(1年)									
タッチアウト	○(2年)									
スイッチ								○(3年)		○
闇の中の炎		○(3年)								○
言葉の向こうに	○(1年)	○(1年)		○(3年)		○(3年)	○(2年)	○(2年)		○
吾一と京造	○(1年)						○(1年)			

に行動できるように考えるのが大切なのかなと思いました。

● O君の友達が「ハンデなしで真剣に勝負したい」という気持ちがあったからこそ，O君も楽しくやれたと思います。

● 一緒とは，皆と同じ立ち位置から喜びや悔しさを味わうことだと思う。1人だけ違う思いをさせないで，1つのチームとして団結していたから，このルールを生み出したのだと思う。

● 楽しそうに本当の笑顔を見せているO君の姿から，私もK君が言っていた「可能性は無限大」はその通りだと思った。

● 「平等」という言葉でまとめることはできても，その意味を言葉にし直すのは，とても難しいのだなと思いました。私は，「平等」は何か同じことをするということよりも，同じ立場になるという意味だと考えました。

1年生

バスと赤ちゃん

出典
学研みらい「中学生の道徳　明日への扉 1 年」

「動き」	教師代替	全員参加	グループ	その場	代表生徒
教材情景の再現		○			
音の再現		○			
登場人物の思いを表現					
生徒の自覚を表現		○			

主題とねらい

主題名 よりよい社会の実現

ねらい 公共の精神に向き合う学習を通して，公共の精神への自覚を高め，よりよい社会の実現に努めようとする道徳的実践意欲を育む。

教材の特質

（1）教材の概要

　バスの中で泣き出した赤ちゃんを抱いたお母さんが，バスを降りようとする。降りようとするお母さんに運転手が声をかけると，1 人の拍手からバスの乗客全員の拍手が生まれる。このバスに乗車していた筆者である中野さんは，16 年間忘れ得ぬ思い出となって残る。

（2）教材の読み

- ●生き方の考えを深める人物　→　バスに乗っている全ての人
- ●考えを深めるきっかけ　→　運転手の言葉と 1 人目の拍手
- ●考えを深める場面　→　バスの乗客全員の拍手が起きた場面

（3）ねらいに迫るために

ここに注目！ POINT

| 数秒の間 | ➡ | 「間」は，不安を表す |

　運転手の言葉に対し，「数秒の間」の後，1人目の拍手が起こり，拍手がバス全体に広がる。困っているお母さんがいれば，すぐに声をかけたいと感じた乗客は多くいたはずである。しかし，同時に相手の反応を恐れ，最初に声をかけづらいという気持ちがある。これが，「数秒の間」ができる理由である。

　「数秒の間」を生まないことが，社会連帯の重要なポイントと考え，「数秒の間」を体験し，深く考えることで，ねらいに迫っていく。

「動き」のポイント

1．道徳的諸価値の理解に基づく前理解を表出する「動き」

　筆者である中野さんにとって16年間忘れ得ぬ思い出となった，バスの乗客全員の拍手が起こった場面を，**全員参加の「動き」**で再現する。見知らぬ者同士であっても心が通い合うことを実感するために行う。

2．道徳的価値に向き合い，自己を見つめる「動き」

　「数秒の間」に着目し，拍手があった場合となかった場合の違いを体感する**全員参加の「動き」**を行う。「拍手がすぐになかった場合」「拍手がすぐにあった場合」を行うことで，拍手と笑顔が乗客の心を結び付けたことを理解し，よりよい社会の実現に必要なことは何かを深く考えるきっかけとして行う。

3．対話・交流し，多面的・多角的に考える「動き」

　このバスのような温かな空間，社会をつくるために大切なことをホワイトボードに書き，マグネットによって対話・交流する。そして，自己評価と相互評価を繰り返し，考えを深めていく。

展開（例）

学習活動	授業の様子
教材の範読	● コの字型体型 ●「動き」を行う場を確保

1. 道徳的諸価値の理解に基づく前理解を表出する「動き」

■お母さんがバスから降りようとする場面を，**全員参加の「動き」で**
再現し，拍手の温かさを実感する。

分担 運転手：教師 / お母さん：代表生徒 1
  1 人目の拍手の乗客：代表生徒 2
  乗　客：その他の生徒全員

「動き」のポイント
● 拍手の音，音量　　　● 拍手をしているときの雰囲気
● お母さんの申し訳ない声　● 数秒の間の後の拍手（2 秒間）

「動き」のシナリオ

運転手	目的地はここですか。
お母さん	新宿までなのですが，子供が泣くのでここで降ります。
運転手	新宿までは大変です。どうか皆さん，一緒に乗って いってください。
1 人目の 拍手の乗客	（2 秒後に拍手）
他の乗客	全員の拍手。

教師の発問

> 全員による拍手を聞くと，どんな感じがしましたか。

■拍手が響いた感じをつかむ。

● 感動する。
● とてもいい感じがある。
● 温かい感じがする。
● このバスの乗客でよかったと感じる。

2. 道徳的価値に向き合い，自己を見つめる「動き」

■お母さんが降りようとする場面で，拍手までの間を長く取った場合を，**全員参加の「動き」**で再現し，拍手のもつ意味を深く実感する。

分担 運転手：教師 / お母さん：代表生徒1

1人目の拍手の乗客：代表生徒2

乗　客：その他の生徒全員

「動き」のポイント

- ●拍手の音，音量
- ●数秒の間の後の拍手（9秒間）
- ●お母さんの申し訳ない声
- ●拍手が起こるまでの乗客の雰囲気

「動き」のシナリオ

運転手	目的地はここですか？
お母さん	新宿までなのですが，子供が泣くのでここで降ります。
運転手	新宿までは大変です。どうか皆さん，一緒に乗っていってください。
1人目の拍手の乗客	（9秒後に拍手）
他の乗客	全員の拍手。※間がもたないときは拍手をせず，「動き」を中止。

教師の発問

■拍手のもつ意味を考える。

> 拍手がない間，どんな感じがしましたか？

- ●何か不安になる。
- ●お母さんがかわいそう。
- ●これでいいのかな。

補 お母さん役に聞きます。拍手がなかったとき，どんな気持ちになりましたか。

- ●降りたほうがいいのかと思った。
- ●やっぱり，迷惑をかけていたんだと思った。

■最初に行った拍手のある場面の「動き」を，再度行う。

教師の発問

> すぐに拍手があると，どんな感じがしましたか。

- やっぱり，拍手があると気持ちがいい。
- やっぱり温かい感じがする。
- 幸せな感じがする。

教師の発問

> 拍手のとき，心の中でどんな言葉をつぶやいていますか。

■拍手のもつ意味を考える。

- 赤ちゃん，泣いてもいいよ。
- 赤ちゃん，よかったね。
- お母さん，乗っていってもいいよ。
- お母さん，心配しないで。
- 運転手さん，かっこいい。
- 運転手さん，ありがとう。
- 乗客のみんな，ステキだよ。
- 1人目の拍手の人，ありがとう。
- 補 拍手をしているとき，乗客はどんな表情をしていると思いますか。
- 笑顔　　　　　● 幸せそうな顔

3．対話・交流し，多面的・多角的に考える「動き」

教師の発問

> このバスの乗客の1人である皆さんに聞きます。このバスのような温かな空間，社会をつくるために大切なことは何だと思いますか。

■自己の考えをホワイトボードに書き，マグネットによる自己評価，相互評価を行う。

・周りのことを考える思いやりの心。周りの人を「自分だと何ができるか」と考えること。

・その人の立場だったら，何をしてもらったら一番うれしいか。

・相手の立場になって考える，思いやりの気持ち。

・相手を思う気持ちを大切に。

・言葉をかけていなくても人の気持ちを読むということ。

・自分は今，何ができるかを考えること。

・自分だったらどうしてほしいかと考えること。

・お互いのことを認め合う気持ち。

・相手のことを考えて，もし自分がその立場だったらどうしたいか考える。

・相手に対しての思いやりの心。

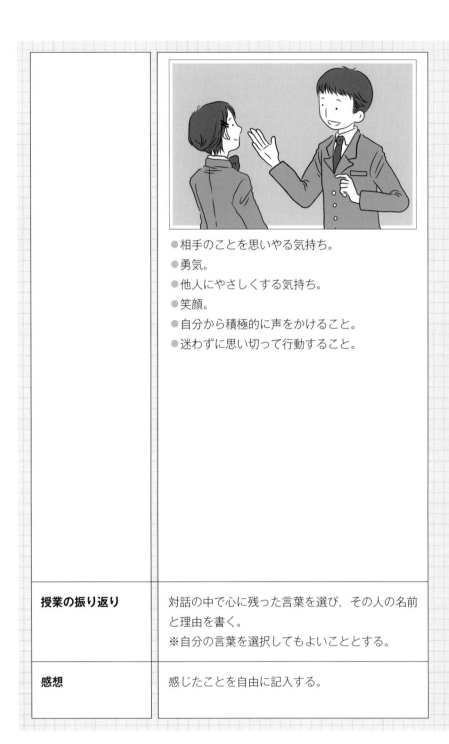

● 相手のことを思いやる気持ち。

● 勇気。

● 他人にやさしくする気持ち。

● 笑顔。

● 自分から積極的に声をかけること。

● 迷わずに思い切って行動すること。

授業の振り返り	対話の中で心に残った言葉を選び，その人の名前と理由を書く。 ※自分の言葉を選択してもよいこととする。
感想	感じたことを自由に記入する。

対話・交流し，多面的・多角的に考える「動き」（授業記録から）

授業者の動き	生徒の反応

バスに乗っている人 全員への思いやり や協力が大切。	**取り上げたポイント** 　社会連帯において「全員」という言葉は理想であって，なかなか実現できないものである。しかし，この教材は，「全員がそう感じた」ことを読み手に素直に感じさせることができる。この点を共通理解するために取り上げた。
■緑を置いた人は，どこに共感したのですか。	● 全員への思いやりというのがいいなと思った。 ● これはよく分かるから。
全員が気持ち良くいられる場所をつくるために自分から声をかけたり	**取り上げたポイント** 　見知らぬ者であっても，困っているという事実があれば，それを放置すると社会連帯は生まれない。自らの意思をもつことの大切さを確認するために取り上げた。
■緑の人は，どこに共感しましたか。	● 自分から声をかけることは大切だと思ったから。 ● 全員が気持ちよくなることは大切だから。
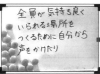相手の立場になって考えること！ 自分が良いと思ったことを行動に移すこと！	**取り上げたポイント** 　「相手の立場になって考える」「行動に移す」という表現にとどまることなく，それが行動につながらない要因を深く考えるきっかけとして取り上げた。
■緑の人は，どこに共感しましたか。 ■みんなは，どうですか。	● 行動に移さないと，お母さんが降りてしまっていたから，行動することは大切だと思う。 ● そう思う。

■でも，

> こわくても 少しだけ勇気
> を出して人のために動ける心。

という意見もあり
ます。Ａさん，も
う少し説明してく
ださい。

■青の人は，どんな
ことを聞きたいで
すか。

■Ａさん，もう少
し詳しく説明して
ください。

■こんな意見もあり
ます。

> 人のために
> なにができる
> 勇気。

Ｂさん，説明して
ください。

■青の人は，どうで
すか。

■緑の人は，どこに
共感しましたか。

「勇気」は生徒たちにとっては大きなキーワードであり，この現実的な不安要素を乗り越えなければ行動に移すことは困難になる。この課題に対し正面から考えることを通して主題に迫るために取り上げた。

● この場合，運転手さんが声をかけてくれて，1人が拍手してくれたから実現したけど，それがなかったら誰かが行動しないといけない。そのとき，少し勇気がいると思った。

● 勇気の話は分かったけど，どうして「少し」だけなの？

● そうしなきゃならないことは分かっているけど，自分は知らない人に積極的に声をかけることは少し怖いからできない。だから，「少し」勇気を出さないと行動できない。

「勇気」について，広い視野から考えるきっかけとして取り上げた。

● 私もＡさんと一緒で，知らない人に声をかけるのは難しい。私はできない。でも，誰かが悲しむなら，勇気をもって行動したい。

● 言っていることは分かるけど，いいことをするのに勇気は必要かな。

● 私も，少し勇気はいるなと思った。

● 周りの人にどう思われるか心配。

● うるさいなあと感じている人がいたら，怖いし…。

■みんな，よいことをするのに勇気はいるのかな。	●（……）
■今の段階で，勇気がいると思う人は，手をあげてください。	●（3分の1程度が手をあげる）
■勇気が必要なのかどうかを，近くの人と自由に意見交流してください。	●（約3分程度，自由に意見交流を行う）
■意見のある人は，自由に発表してください。	●この場合，やっぱり近くにいる人が声をかけないとお母さんも赤ちゃんも悲しむことになるから，勇気とかそういう問題ではないと思う。
	●今の意見に賛成で，気付いた人が積極的に動くべきだと思う。
	●でも，相手次第の部分がある…。
■もう少し詳して教えてください。	●相手がやさしい人なら，自分もできる。でも，気難しそうだとしたら，やっぱり声をかけづらい…。そのときは勇気はいるかも…。
	●それはある。
■今の意見に，何か質問や意見はありますか。	●声をかけることは難しくても，できることはあるはず。それなら，勇気はいらないと思う。
■言葉をかけることが難しいならば，他にできることはないかな。	●笑顔なら，言葉に出さなくても相手に伝わるよ。
	●表情や行動は，世界中の誰にでも伝わるし。
■もう少し詳しく説明してください。	●にっこりするだけでいいじゃん！
	●それ，ある，ある！

全員参加の「動き」

	あかつき	光村	東書	学図	教出	日文	学研	日科	私・道	中・読
背番号10		○ (3年)								
二枚の写真	○ (1年)									
バスと赤ちゃん							○ (1年)			

生徒の感想（抜粋）

● 最初に読んだとき，「運転手さん，スゴイ！」と思いました。普通の人はあんなふうに声をかけてあげないから，この人はめっちゃスゴイなと思いました。私もこんなふうにしてもらえたらうれしいし，また乗りたいなと思います。こんな場面に出会ったら，私も実行したいです！！

● （略）　私は，最初に拍手した人に，拍手したいと思いました。今回の授業を通して，自分のことだけを考えて行動するのではなく，簡単にはできないけれど，周りを見て，相手の気持ちを考えた言動をすることが大切だと思いました。

● いつも出掛けているときに，どこかで赤ちゃんの泣き声が聞こえると，「泣いているなあ，私は全然気にならないけど，うるさいと感じる人もいるんだろうなあ。それはどうしようもないよな」と思いました。この話の中にいたら，喜んで手をたたいていたと思います。この話のように，赤ちゃんやそのお母さん，高齢の方や妊婦さんに対してやさしい人になりたいし，私以外の人にもやさしくなってほしいと思います。

● 言葉に出せなくても，人の思いが伝わるってすてきなことだなと思いました。「表情や行動は，世界中の誰にでも伝わる」というのが，印象的でした。バスのお話を聞いて，その場にはいなかったけれど，幸せな気持ちになりました。笑顔を大切にすることや，人を思いやることは，普段の学校生活でたくさん生かせると思うので，生かします。

● 他の人の行動とかを見るだけで，助けたり，助け合ったりできるのはすごいし，もし，自分が同じ状況で声をかける勇気がなかったとしても，表情とか，やさしい行動をすれば，自分でもできるんじゃないかと思っ

た。自分が困っていたら，助けてくれるのはうれしいし，助けた方もやさしい気持ちになると思うから，みんながお互いに助け合っていく，この日本の社会はステキだなと思いました。

●実際にこの話のようなことが起こったときは，自分から行動することができなくても，そういう雰囲気をつくったり，流れに乗ることができる人になっていきたい。みんなで困っている人を助けるという気持ちを忘れずに，生活したい。関係ないからいいというのではなく，他人のことも考えて行動するように心がける。今回の話では，最初に拍手をした人のおかげで，バス内の乗客も拍手することができたと思った。運転手も声をかけていなかったら新宿に行かずに降りてしまい，みんなよい気持ちはしなかったと思った。

●今日の授業を受けて，人のやさしさは拍手に出るということを知りました。それも，バスの中でたった1人が拍手した後に全員が拍手したんです。1人や2人でも相手のことを少しでも思い拍手すれば，みんなと気持ちがつながり，言葉なんてものは必要ないんです！（略）人間にとって必要なものは，言葉のいらない温かい愛のある行動だと思います。

●何で間があったのかを考えたとき，僕はバスに乗っているほとんどの人が「誰か言ってくれないかな～」と思ったと思いました。なんでかと言うと，バスの中には知らない人だらけで，拍手をする勇気がないと思ったからです。だけど，僕はバスの中でこのような出来事があったら，勇気を出して拍手してみたいと思います。それで1人でも「うれしい」「ありがとう」と言ってくれる人がいるなら，やりたいと思います。

2・3年生
一冊のノート

出 典
文部科学省「私たちの道徳」

「動き」	教師代替	全員参加	グループ	その場	代表生徒
教材情景の再現			○	○	
音の再現					
登場人物の思いを表現			○	○	
生徒の自覚を表現				○	

主題とねらい

主題名 家族の絆を深める

ねらい かけがえのない家族の存在に気付き，その一員として関わり合いながら，充実した家庭生活を築こうとする道徳的実践意欲を育む。

教材の特質

（1）教材の概要

　トラブルから祖母に不満を感じる僕は，ある日，一冊のノートを見付ける。そこには，祖母の苦悩と共に，家族のことを思い続ける気持ちが書かれていた。そのノートを読み，いたたまれなくなった僕は庭に出ると，そこに草取りをしている祖母がいた。僕はその隣に並んで草取りをし，「おばあちゃん，きれいになったね」とつぶやき，祖母はにっこりと笑う。

（2）教材の読み

- ●生き方の考えを深める人物 → 僕
- ●考えを深めるきっかけ → 祖母のノート
- ●考えを深める場面 → ノートを読み一緒に草取りをする場面

（3）ねらいに迫るために

ここに注目！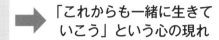

| 祖母の隣に並んで，草取りをする主人公 | ➡ | 「これからも一緒に生きていこう」という心の現れ |

　祖母の隣に並んだとき，主人公の僕の心から祖母に対するわだかまりが消え，素直な自分に戻る。隣に並ぶということは，「これからも一緒に生きていこう」という心の現れでもある。

　そこで，ノートを読んだ場面から，横に並んで草取りをする場面までの「心のつぶやき」を想像することから，ねらいに迫っていく。

「動き」のポイント

1．道徳的諸価値の理解に基づく前理解を表出する「動き」

　祖母のノートを見たときの主人公の心のつぶやきを，**その場での「動き」（1人の「動き」）** で再現し，主人公の思いをつかむきっかけとして行う。

2．道徳的価値に向き合い，自己を見つめる「動き」

　ノートを見ていたたまれず外に出て祖母の姿を見付け，隣に並んで草取りをするという一連の流れを，**代表生徒と教師によるグループ（ペア）の「動き」** で再現する。

　特に，隣に並んで草取りしているとき，主人公の心の中にどんな言葉が浮かんだかを想像しやすいように「動き」を入れることで，主人公の思いを実感するきっかけとして行う。

3．対話・交流し，多面的・多角的に考える「動き」

　僕の心のつぶやきをホワイトボードに書き，マグネットによって対話・交流する。そして，自己評価と相互評価を繰り返し，考えを深めていく。

展開（例）

学習活動	授業の様子
教材の範読	●コの字型体型 ●「動き」を行う場を確保 

1．道徳的諸価値の理解に基づく前理解を表出する「動き」

■祖母のノートを見たときの主人公の心のつぶやきを，**その場での「動き」（1人の「動き」）**で再現し，主人公の思いをつかむ。

分担 主人公：生徒

「動き」のポイント
●心のつぶやき　　●せりふの抑揚　　●主人公の表情

「動き」のシナリオ
●その場でつぶやく

■**心のつぶやきを表現する生徒1**
ノートを手に持ったまま，「見てしまった」という雰囲気を表現する。

■**心のつぶやきを表現する生徒2**
心のつぶやきを，言葉に表現しても構わない。また，近くの人と交流しながら，表現を工夫しても構わない。

> 祖母のノートを見たとき，主人公はどんなことを考えたと思いますか。心のつぶやきで表現してください。

教師の発問

■主人公の思いをつかむ。

●おばあちゃん，ごめん。
●どうしよう。
●すごく迷惑をかけていたんだな。
●おばあちゃんは悪くない。

● 謝らないといけない。

● お母さんに相談しよう。

２．道徳的価値に向き合い，自己を見つめる「動き」

■ いたたまれず外に出たとき，祖母の姿を見付け，隣に並んで草取り
をするという一連の流れを，**代表生徒と教師によるグループ（ペア）
の「動き」**で再現し，主人公の思いを深く考える。

分担 主人公：教師 / 祖母：生徒

「動き」のポイント

● いたたまれず外に出て，祖母の姿を見付けたときの様子。

● 隣に並んで草取りをする様子。

「動き」のシナリオ（全て無言で表現）

教師 （ノートを見て，いたたまれず外に出る）

（祖母の姿を見付ける）

（隣に並んで草取りをする）

（心の中でつぶやく）

■**庭にいる祖母の姿を見付ける場面での教師による再現**
いたたまれず部屋を出たときの雰囲気を表現する。祖母を見付
けたときの驚き，特に「間」の取り方に留意する。
・祖母：代表生徒
・僕　：教師

■**祖母の隣に並んで草取りをする場面での教師による再現**
祖母に近付き，隣に座るときの心情を動作で表現する。主人公
の目線は，どこに向けられているかに留意する。

■**心の中でつぶやく主人公場面での教師による再現**
音を発することはないが，内面で音を発しながら表現する。内
面で言葉を発しているとき，視線はどこを見つめているかに留
意する。

3. 対話・交流し，多面的・多角的に考える「動き」

教師の発問

> 祖母の隣に並んで草取りをしたとき，僕はどんなことを考えたと思いますか。心のつぶやきで表現してください。

■祖母の隣に並んで草取りをしたときの僕の思いを考え，自己の考えをホワイトボードに書き，マグネットによる自己評価，相互評価を行う。

予想される生徒の反応

・今までごめんね，ごめんね。これからは僕が支えるから休んでいいよ。

・草を取っている姿ステキだな。

・おばあちゃんは自分なりに頑張っているんだ。それなのに怒ってばかりでいいのかな？

・今まで，責めたりしてごめんね。

・ごめんね，ありがとう，頑張るね。

・おばあちゃんの気持ちに気付けなくて，いろんなひどいことをしちゃったね。ごめんね。

・オレ，サイテーだわ。

・おばあちゃんの姿，まぶしい。

	【後悔・反省】 ●おばあちゃん，怒ったり，無視したり，ののしったりしてごめんなさい。 ●おばあちゃんをののしったりしなければよかった。 ●これまでの接し方，本当にだめだったな。 **【感謝】** ●おばあちゃん，これまで育ててくれてありがとう。 ●今まで育ててくれて，ありがとう。 ●おばあちゃんの孫でいれて，うれしい。 **【希望・決意】** ●これからは，僕たちがお世話をしていくね。 ●今度は，僕たちがお世話をする番だね。 ●これからも一緒に生きていこうね。
授業の振り返り	対話の中で心に残った言葉を選び，その人の名前と理由を書く。 ※自分の言葉を選択してもよいこととする。
感想	感じたことを自由に記入する。

対話・交流し，多面的・多角的に考える「動き」（授業記録から）

授業者の動き	生徒の反応
 今まで一生懸命僕のことを考えてくれたから，次は僕がばあちゃんを支える。	**取り上げたポイント** 「支える」はよく出るキーワードだが，その行為に視点を当てるのではなく，主人公の思いを深めるために取り上げた。
■緑の人は，どこに共感したのですか。	●自分も支えていくと感じたと思った。 ●こんなに自分たちのことを考えてくれていたことに気付いたというところ。
■みんなは，どうですか。	●（うなずく生徒，多数）
■「支える」，何を支えるのですか。	●（反応がうすい） ●質問の意味が分かりません。
■では，今までは支えていなかったのですか。	●支えていない。
■どうしてですか。	●怒ってばかりいた。 ●おばあちゃんの思いを分かっていなかったから，支えていない。
■近くの人と，少し意見を交流してください。	●（3分，意見交流を行う）
■もう一度聞きます。これから主人公は何を「支える」のですか。	●おばあちゃんの思いを支える。 ●おばあちゃんの悩みや苦しみを支える。 ●おばあちゃんの笑顔を支える。
「……」	**取り上げたポイント** この生徒は何を伝えたいのか，様々な可能性を秘めていることもあり，確認する必要があった。また，「…」だけで共感した生徒がい

るため，その思いを受け止めるために取り上げた。

■「…」を詳しく教えてください。
■もう少し詳しく教えてください。

■緑の人は，どこに共感しましたか。
■申し訳なかったという気持ちはあるのですか。
■みんなは，どうですか。

■家族だから言えないのかな，家族だから言えるのではないの。
■近くの人と，少し意見を交流してください。
■困ったときには相談し，肝心なときには声をかけない，どうも腑に落ちないのですが，どうですか。
■もう少し詳しく説明してください。

●なんか，言葉になっていないと思う。

●おばあちゃんの姿が見えているとき，自分なら言葉にならない。いいことを言うこともできないし，面と向かって「ごめん」も言えないかも。
●A君と同じで，自分なら困ってしまって言葉になっていないような気がするから。
●それはもちろんある。

●家族だから，言えないこともある。
●それは分かるけど，それでいいのかなとも思う。
●場合による。
●言えるときと，言えないときはある。

●（3分，意見交流を行う）

●家族だと，いろいろなことがあって言えないことがある。

●何でもないときは声をかけやすいけど，喧嘩とかすると，家族であっても難しい。
●自分は言葉をかけようと思っても，親が怒って

■このおばあちゃん
のように一生懸命
に頑張っていた
ら，どうですか。

■どうしてですか。

■他の人は，どうで
すか。

■ノートは見ないの
ですか。

いて，声をかけづらいこともある。

● この場合だったら，自分は言うと思う。

● やっぱり，このことはまず過ぎる。

● 自分もおばあちゃんに声をかけるし，ノートも
見ない。

● ノートは，おばあちゃんのもの。それを勝手に
見るなんて，もっとだめなことだと思う。

おばあちゃんっ…

取り上げたポイント

　この言葉の音を再現するために取り上げた。
また，おばあちゃんに続く「…」にどんな言
葉が入るのかを表現させ，この生徒の思いか
ら，どんなことに共感したのかをつかむため
に取り上げた。

■青の人，どんなこ
とを聞きたいです
か。

■本人，説明してく
ださい。

■緑の人は，どこに
共感したのです
か。

■思いつく言葉を
言ってください。

■みんなは，どうで
すか。

■近くの人と，少し
意見を交流してく

●「おばあちゃんっ…」，このときの気持ちが分か
らない。

●なんか，いっぱいあって…。

●言葉になっていないようでも，なっている気が
する。

●自分も，思いつく言葉が１つではなかったか
ら，こんな表現になると思った。

●本当にごめんね，これからは自分でするね，一
緒に頑張ろうね。

● （つぶやきが多い）

● （その場で意見交流）

ださい。
■思いついた言葉を
言ってください。

● おばあちゃんの孫でいれて，うれしい。
● 今度は，僕たちがお世話をする番だね。

> おばあちゃん
> きれいだな～
> （心が）

取り上げたポイント

　祖母を見る目が変わった，すなわち，「僕」の心が変わったことを示す重要なキーワードである。この言葉に対する共感が広がることで，ねらいとする主題により深く迫ることができる。

■青の人，どんなことを聞きたいですか。

■本人，説明してください。

■青の人，どんな感情が込められていたと思いますか。

■本人，もう少し詳しく説明して。

■緑の人は，どこに共感したのですか。

● 何がきれいになったのかなと思ったから。

● いつも見ているけど，何かきれいだなあと。

● ごめんね。
● 許して。
● 気を付けるね。
● 見た目は変わらないけど，心のきれいさがそう感じさせたような気がして……。
● おばあちゃんは変わっていないと思う。見ている自分が変わったから，きれいに見えたと自分は思ったから。
● 自分も同じで，自分の見方が変わったからだと思う。
● そう，そう。
● それもある。

■おばあちゃんが変わったのではなく，僕の心が変わったということですか。

グループの「動き」

	あかつき	光村	東書	学図	教出	日文	学研	日科	私・道	中・読
ネパールのビール	○(2年)						○(1年)			
仏の銀蔵	○(2年)	○(1年)						○(1年)		○
背番号10		○(3年)								
誰かのために	○(3年)							○(1年)	○	
ある日のバッターボックス	○(1年)									
裏庭での出来事	○(1年)	○(1年)		○(2年)	○(1年)	○(1年)	○(1年)			○
吾一と京造	○(1年)						○(1年)			
帰郷								○(3年)		○
嵐の後に								○(3年)		○
言葉おしみ				○(3年)						
一冊の漫画雑誌				○(3年)						
六千人の命のビザ				○(2年)	○(2年)	○(3年)	○(3年)			
一冊のノート	○(2年)	○(3年)		○(3年)		○(3年)	○(3年)	○(3年)	○	

生徒の感想（抜粋）

● これは，家族の愛が伝わってくるお話でした。おばあちゃんへの感謝の気持ちはいっぱい出てくると思う。ありがとう，ごめんね，これからも僕たちが支え続けるからね，これからも5年，10年，僕たちを見守ってください。おばあちゃんには，長生きしてほしいです。

● 私は「おばあちゃん，ありがとう」という考えだったけど，「がんばろう」という考えも参考になりました。「ありがとう」「ごめんね」にもいろいろな種類があり，いろいろな視点から主人公の気持ちを考えられました。

● 「きれいになったね」という言葉は，物忘れが激しくなり，家族に非難されてもなお，自分なりにがんばっている祖母の小さな背中から，とても大きなものを感じて，こんな言葉になったのだと思いました。

● 「きれいになったね」と言ったのは，正直私には分かりませんでした。で

その場での「動き」

	あかつき	光村	東書	学図	教出	日文	学研	日科	私・道	中・読
ネパールのビール	○ (2年)						○ (1年)			
二通の手紙	○ (3年)	○ (3年)	○ (3年)	○ (2年)	○ (3年)	○ (3年)	○ (3年)	○ (2年)	○	
一冊のノート	○ (2年)	○ (3年)		○ (3年)		○ (3年)	○ (3年)	○ (3年)	○	
夜のくだもの屋	○ (1年)			○ (2年)	○ (2年)	○ (2年)				
闇の中の炎		○ (3年)								○
町内会デビュー						○ (3年)	○ (1年)			○
裏庭での出来事	○ (1年)	○ (1年)		○ (2年)	○ (1年)	○ (1年)	○ (1年)			○
ばなしの女王			○ (3年)							
吾一と京造	○ (1年)						○ (1年)			
いつわりのバイオリン	○ (1年)			○ (1年)		○ (1年)				
銀色のシャープペンシル	○ (1年)	○ (1年)	○ (1年)	○ (1年)				○ (1年)		
背番号10		○ (3年)								

も，きっとおばあちゃんは分かっていると思うし，その言葉にはいろいろな思いがつまっていると思いました。その意味が分かるのは，僕とおばあちゃんだけだと思います。2人だけの仲直り，そして，その言葉が僕とおばあちゃんの絆をきれいにしたんじゃないかと思いました。

● この作品を読んで，とても悲しい気持ちになりました。なるべく自分のことは自分でやるようにして，おばあちゃんを大切にしたいと思います。「ありがとう，ごめんね」は，しっかり言うようにしたいと思います。

● 今自分はやっていたと思ったことをやっていなかったり，逆に自分はやっていないと思っていたことがやってあったり，人間には忘れてしまうことがたくさんあるけど，それでも一生懸命に生きようとする人には，ただ怒鳴るということではなく，一歩引いて温かく見守ってあげることが，家族であっても大切だなと思いました。

1年生

銀色のシャープペンシル

出　典

文部省「中学校読み物資料とその利用・3」

「動き」	教師代替	全員参加	グループ	その場	代表生徒
教材情景の再現	○			○	
音の再現					
登場人物の思いを表現	○			○	
生徒の自覚を表現				○	

主題とねらい

主題名 良心のめざめ

ねらい 内なる良心の声を自覚し，自分を奮い立たせることで，目指す生き方に近付こうとする道徳的心情を育む。

教材の特質

（1）教材の概要

　拾ったシャープペンシルを自分のものにしてしまった主人公が，理科の実験のときにバレそうになり，嘘をつかざるを得なくなる。放課後，ロッカーに突っ込んで，なかったことにしようとするが，夜に卓也から電話があり，逆に謝られてしまう。いたたまれなくなった主人公は，黙って家を出る。満天の星空を見上げ，深呼吸した主人公は，ゆっくりと向きを変え，卓也の家に向かって歩き出す。

（2）教材の読み

- ●生き方の考えを深める人物 → ぼく
- ●考えを深めるきっかけ 　→ 卓也からの電話

● 考えを深める場面 　　→　満天の星空を見上げ，深呼吸をし，
　　　　　　　　　　　　　　　ゆっくりと向きを変え歩き出す場面

（3）ねらいに迫るために

ここに注目！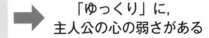

| 深呼吸し，ゆっくりと
向きを変える主人公 | ➡ | 「ゆっくり」に，
主人公の心の弱さがある |

　夜空の星を見て，深呼吸したことで弱さを吐き出したならば，「よし！」という力感が出るはずである。しかし，それでもなお，「ゆっくり」なのである。ここに，綺麗事ではない，人間のリアルさが感じられる。主人公はこの後，どんな足取りで，本当に卓也の家のチャイムを鳴らしたのか，読み手である生徒たちは，様々な想像をかき立てる。

　そこで，この場面での主人公の「心のつぶやき」を想像することから，ねらいに迫っていく。

「動き」のポイント

１．道徳的諸価値の理解に基づく前理解を表出する「動き」

　満天の星空を見上げた場面を，**その場での「動き」**で再現し，主人公の深い悩み，迷いなどを，広い視野から考えるきっかけとして行う。

２．道徳的価値に向き合い，自己を見つめる「動き」

　ゆっくりと向きを変え，卓也の家に向かって歩き出した場面を，**教師代替の「動き」**で再現し，主人公の深い悩み，迷い，決心など，広い視野から考えるきっかけとして行う。

３．対話・交流し，多面的・多角的に考える「動き」

　ぼくの心のつぶやきをホワイトボードに書き，マグネットによって対話・交流する。そして，自己評価と相互評価を繰り返し，考えを深めていく。

展開（例）

学習活動	授業の様子
教材の範読	 ● コの字型体型 ●「動き」を行う場を確保

1. 道徳的諸価値の理解に基づく前理解を表出する「動き」

■満天の星空を見上げた場面を，**その場での「動き」**で再現し，主人公の深い悩み，迷いなどを，広い視野から考えるきっかけとして行う。

分担 ぼく：教師／心のつぶやき：生徒 ※通称「二人羽織の動き」

「動き」のポイント

●夜空を見上げる表情。

●夜空を見上げたときの心のつぶやきを表現する。

「動き」のシナリオ（全て無言で表現）

教師：（夜空を見上げる）（息を吐き出す）

生徒：（心のつぶやきを表現する）

「二人羽織の動き」

教師の発問

> 夜空の星を見上げ，息を吐き出したとき，ぼくはどんなことを考えたと思いますか。心の中のつぶやきで表現してください。

■心の揺れから，主人公である「ぼ

【後悔・反省】

●あのとき，謝ればよかった。

| く」の気付きを考える。 | ●自分がみじめだ。
●自分が情けない。
●なぜ，自分は素直に言えないんだろう。
●こんな自分が嫌になる。 |

2．道徳的価値に向き合い，自己を見つめる「動き」

■ゆっくりと向きを変え，卓也の家に向かって歩き出した場面を，**教師代替の「動き」**で再現し，主人公の深い悲しみ，迷い，決心など，広い視野から考えるきっかけとして行う。

分担 ぼく：教師

「動き」のポイント

●向きを変え，歩き出すときの表情。

「動き」のシナリオ（全て無言で表現）

教師 （向きを変える）（歩き出す）

歩く向きを変える教師

3．対話・交流し，多面的・多角的に考える「動き」

教師の発問

> 深呼吸し，ゆっくりと卓也の家の方に向きを変えたとき，ぼくは心の中でどんなことを考えたと思いますか。心の中のつぶやきで表現してください。

■心の揺れから，主人公の気付きを考え，考えをホワイトボードに書き，自己評価，相互評価を行う。

予想される 生徒の反応	1　やっちまった。 2　よっしゃあ。
	1　やらなければよ 　かった。 2　やってしまったの 　は事実だから，素直 　に謝りにいこう！
	1　アァ〜どうしよ…。 2　自分のことや。 　しょうがない。謝り 　にいくか…。
	1　どうしよう…。 2　行くしかない。

【決意】

- ●正直に生きていきたい。
- ●弱い自分とおさらばだ。
- ●強い人間になりたい。
- ●勇気をもちたい。
- ●もうごまかすのは，終わりにする。

補 ぼくを卓也の家に向かわせたものは，何だと
　　思いますか

- ●良心。
- ●誠実さ。
- ●正直な心。
- ●心の強さ。
- ●勇気。

授業の振り返り	対話の中で心に残った言葉を選び，その人の名前 と理由を書く。 ※自分の言葉を選択してもよいこととする。
感想	感じたことを自由に記入する。

対話・交流し，多面的・多角的に考える「動き」（授業記録から）

授業者の動き	生徒の反応
情けないな…． よし，謝ろう．	**取り上げたポイント** 　「情けないな」と感じることは，誰もが経験していることである。そこで，この言葉をキーワードに，心の弱さに向き合うきっかけとして取り上げた。
■緑の人，どんなことに共感しましたか。	●2つの考えとも，自分の思い，言葉に近い。 ●情けない自分と，謝ろうという気持ちが固まったことはその通りだと思った。
■「情けないな…」Aさん，どんなことが情けないのですか。	●自分の心の弱さかな…。
■もう少し詳しく教えてください。	●自分では全部，分かっていたんだと思う。でも，それができないのは，どこかで逃げていると思う。
■今の意見，皆はどう思いますか。	●（……）
■では，近くの人と話し合ってください。	●（約3分程度，自由に意見交流を行う）
■誰か，意見を言ってください。	●こんな分かりきったことができない，それを他のせいにしてしまうのはズルい。分かっていてズルいことをすることは普通じゃない。 ●この人，自分に甘いんだよ。
■自分に甘い，もう少し詳しく。	●このくらいいいだろう的な考えは，甘いと思う。
■この主人公は悪人？	●そこまでは言わないけど。

> あやまらないと
> いけないよなー…
>
> よし、.

取り上げたポイント

「よし」という言葉には，主人公の意思，その強さが含まれている。この生徒は，謝りに行こうということに迷いがない可能性がある。この点を確認し，同じ考えの生徒がいることを確認するために，取り上げた。

■ Ｂさん，この「よしっ」を言葉にして発してください。

● 「よしっ」。

■ 今の音を聞いて，皆はどう感じましたか。

● 力強い。
● 決意が出ている。

■ Ｂさん，そう？

● そうです。謝りに行きます。

■ Ａさんの「よし，謝ろう」は。

● 同じです。

> 最初から拾わなけれ，たらよかった…
>
> 勇気出してあやまりに行こ♪

取り上げたポイント

心の弱さを乗り越えるために必要な資質は「勇気」なのかが，主題に迫る重要なポイントである。ここに深く迫るきっかけとして，この言葉を取り上げた。

■ やっぱり，後悔しているのかな。

● 後悔しまくりです。

■ 皆はどうですか。

● していると思う。

■ Ｃさん，「勇気」ってあるけど，勇気は必要なのですか。

● この人は，自分もそうだけど，分かっていても一歩を踏み出せない。だから，やっぱり正直に行動するには勇気がいると思う。

■ 心が弱いから，勇気がいるというこ

● そんな感じ。
● （……）

とですか。

■皆はどうですか。

● あると思う。

本当のこと話そうかな…

自分も変わりたいし。

取り上げたポイント

「自分を変えたい」と感じることは，誰もが経験しているだろう。そこで，この言葉をキーワードに，心の弱さに向き合うきっかけとして取り上げた。

■緑の人，どんなところに共感しましたか。

● 「自分も変わりたいし」って，よく分かる。

■どんな自分を，どんな自分に変えたいのですか。

● 正直に言えない自分を，言える自分に。

■みんなの意見はどうですか。

● 弱い自分を，強い自分に。

■何が弱いの，何が強いのですか。

● 心…。

教師代替の「動き」

	あかつき	光村	東書	学図	教出	日文	学研	日科	私・道	中・読
銀色のシャープペンシル	○(1年)	○(1年)	○(1年)	○(1年)				○(1年)		
夜のくだもの屋	○(1年)			○(2年)	○(2年)	○(2年)				
タッチアウト	○(2年)									
ぱなしの女王				○(3年)						
言葉おしみ				○(3年)						
一冊の漫画雑誌				○(3年)						
加山さんの願い	○(1年)			○(3年)	○(2年)					

生徒の感想（抜粋）

● 自分は「本当のことを言おう」と思って家に行っても，インターホンを押せないタイプだ。でも，この話を読んで，誰にでも一度は起こりそうなことだし，本当のことを言う大切さを改めて知ることができた。

● 主人公が友達の家に向かったのは，電話をもらったことが1つのきっかけだと思います。電話をもらい，自分の行動はどんなにひどいことだったのかを考え直し，自分の行動が嫌になり，誰もいない外に出たのだと思います。そして，星空を見て「これから，どうしなくてはならないのか」を考えたのだと思います。真実を伝えるのは勇気がいります。自分を乗り越えることも，勇気がいることだと思います。だから，深呼吸をして自分を勇気付け，前を向いて卓也の家に向かったと私は思います。

● 主人公は絶対に卓也に謝ったと思いました。主人公は外を歩いているときに，シャープペンを勝手に使ったこと，嘘をついたこと，卓也からの電話で謝れなったことを，深く反省していると思ったからです。そして，

その場での「動き」

	あかつき	光村	東書	学図	教出	日文	学研	日科	私・道	中・読
ネパールのビール	○(2年)						○(1年)			
二通の手紙	○(3年)	○(3年)	○(3年)	○(2年)	○(3年)	○(3年)	○(3年)	○(2年)	○	
一冊のノート	○(2年)	○(3年)		○(3年)		○(3年)	○(3年)	○(3年)	○	
夜のくだもの屋	○(1年)			○(2年)	○(2年)	○(2年)				
闇の中の炎		○(3年)								○
町内会デビュー						○(3年)	○(1年)			○
裏庭での出来事	○(1年)	○(1年)		○(2年)	○(1年)	○(1年)	○(1年)		○	
ばなしの女王			○(3年)							
吾一と京造	○(1年)						○(1年)			
いつわりのバイオリン	○(1年)			○(1年)		○(1年)				
銀色のシャープペンシル	○(1年)	○(1年)	○(1年)	○(1年)				○(1年)		
背番号10				○(3年)						

きっとその後，卓也は許してくれたと思います。学校にいるうちに本当のことを言っておけば，こんなことにならなかったはず。

● 皆が知っているって分かっていても，強がって本当のことを言えないと思います。でも，いつでも他の人のせいにして自分は悪くないと思うのは違うと思う。だから，最後はわざわざ電話してくれた卓也に，お礼とごめんっていう気持ちを伝えに行ったのかなって思います。

● モヤモヤした気持ちで，キレイな星を見たら，嫌なことを忘れて「キレイだ」と思ったから決心がついたのだと思った。最後から2行目に「そして，ゆっくり向きを変えると…」と書いてあって，向きは卓也の家の方向だけど，自分の悪い所に向き合ったのではないかと思った。

● 私は，何も隠さず，何でも本音で話せる人が本当の友達だと思っています。卓也は，最初は疑っていたのに，友達を信じ続け，自分が謝りました。主人公は自分が嘘をついていたのに，ずっとごまかし続けました。本当のよい自分と向き合わなくてはダメだなと思いました。

1・3年生

誰かのために

出典
文部科学省「私たちの道徳」

	「動き」 教師代替	全員参加	グループ	その場	代表生徒
教材情景の再現			○		
音の再現					
登場人物の思いを表現			○		
生徒の自覚を表現			○		

主題とねらい

主題名 生命尊重

ねらい 生命の尊さについて，その連続性や有限性の考えを深め，かけがえのない生命を尊重しようとする道徳的心情を育む。

教材の特質

（1）教材の概要

　余命３か月と宣告された母親。自分の命の終わりが近付いていることを分かっているが，せめて子供の卒業式まで生きたいと医師に伝える。病状が安定したときに一時帰宅を許可された母親は，いつものようにお弁当をつくる。

　最後に一時帰宅を願い出たときは立つこともできないような状態だったが，お弁当としておにぎりを握る。結果的に，この母親は１年８か月生き，下の子の卒業式も見ることができた。

（2）教材の読み

- 生き方の考えを深める人物→　お母さん，娘，医者（鎌田さん）

　※お母さんの「生きたい」という意志は一貫しており，この点におい
　ては道徳的に変化しない。

- 考えを深めるきっかけ　　→　お弁当をつくるお母さんの姿
- 考えを深める場面　　　　→　最後に帰宅し，おにぎりをつくる場面

（3）ねらいに迫るために

ここに注目！ POINT

> おにぎりを握る
> 母親の姿
➡ **明日も生きるという強い思い**

　立つこともできないはずの母親が，台所に立ち，おにぎりを握る。この
事実は，「生きることとは？」について，広い視野から読み手の心に強く
訴えかける。

　そこで，この場面での母親の「心のつぶやき」を想像することから，ね
らいに迫っていく。

「動き」のポイント

１．道徳的諸価値の理解に基づく前理解を表出する「動き」

　病状が悪化する前に一時帰宅していたときの様子を想像し，そのときの
親子の会話を，**グループの「動き」（ペアの「動き」）** で再現し，母親の思
いを実感するために行う。

２．道徳的価値に向き合い，自己を見つめる「動き」

　最後におにぎりを握った朝の親子の会話を，**グループの「動き」（ペア
の「動き」）** で再現し，母親の思いを深く実感するために行う。

３．対話・交流し，多面的・多角的に考える「動き」

　お母さんのつぶやきをホワイトボードに書き，マグネットによって対
話・交流する。そして，自己評価と相互評価を繰り返し，考えを深めてい
く。

展開（例）

学習活動	授業の様子
教材の範読	●コの字型体型 ●「動き」を行う場を確保 

■**おさえ**

1．あるガン患者の生き方を通して，命について考えた話。

2．余命3か月と宣告されたが，医師の判断で一時帰宅をしていた。

3．結果的に1年8か月生きることができた。

● お母さんの望みは何ですか。

　➡子供の卒業式まで生きたい。

● 帰宅したときに，お母さんがしたことは何ですか。

　➡お弁当をつくったこと。

1．道徳的諸価値の理解に基づく前理解を表出する「動き」

■病状が悪化する前に一時帰宅していたときの様子を想像し，そのときの親子の会話を，**グループの「動き」（ペアの「動き」）** で再現し，母親の思いを実感するために行う。

分担 母親：生徒1／娘：生徒2

「動き」のポイント

　●会話の様子

　●母親の声の抑揚　●母親の体全体から出ている雰囲気

「動き」のシナリオ 再現の関係上，娘の名前を「なっちゃん」とする。

生徒1：「なっちゃん，おはよう」

生徒2：「お母さん，おはよう」

生徒1：「今日のお弁当，なっちゃんの大好きなエビフライだよ」

生徒2：「やった！　お母さん，ありがとう。でも，無理しないで。体，つらくない？」

生徒1：「平気，平気。今，できるからね」

親子の会話の再現を相談する生徒たち

親子の会話の再現をする生徒たち

> お母さんの様子はどうですか？　元気そうですか？

■お母さんの状況を
　つかむ。

●元気そうに振る舞っている。

●本当はつらいと思うけど，それを出していないと思う。

●心配かけないように，気丈に振る舞っている。

２．道徳的価値に向き合い，自己を見つめる「動き」

■最後におにぎりを握った朝の親子の会話を，**グループの「動き」（ペアの「動き」）**で再現し，母親の思いを深く実感するために行う。

分担 母親：生徒１ / 娘：生徒２

「動き」のポイント

　　●会話の様子

　　●母親の声の抑揚　　●母親の体全体から出ている雰囲気

「動き」のシナリオ 再現の関係上，娘の名前を「なっちゃん」とする。

生徒１：「なっちゃん，おはよう」

生徒２：「お母さん，おはよう」

生徒１：「なっちゃん，ごめん。
　　　　今日のお弁当，おにぎりに
　　　　なっちゃった，ごめん」

生徒２：「
　　　　※ここは自由に表現する。

生徒１：「　　　　　　　　　　　」

親子の会話の再現する生徒たち

109

3．対話・交流し，多面的・多角的に考える「動き」

> お母さんがおにぎりを握っているとき，お母さんはどんなことを考えていたと思いますか。その心のつぶやきを，ホワイトボードに書いてください。

■最後におにぎりを握ろうとするときのお母さんの思いを深く考え，自己の考えをホワイトボードに書き，マグネットによる自己評価，相互評価を行う。

予想される
生徒の反応

> ・まだ大丈夫。

> ・生きているなぁ〜。

> ・今日のおにぎりはどうかな？

> ・ここに立っていられることが幸せだ。あといつまで…。

> ・幸せ…。

> ・うれしいなぁ。

> ・大きくなったね！大きくなれよ！

> ・ごめんね，なっちゃん。お母さん，おにぎりも上手につくれなくなっちゃった。今度帰ってくるときは，もっと元気になってくるからね。

- ●明日はつくれるかな。
- ●もうだめかもしれない。
- ●まだまだ死ねないぞ。
- ●今日も明日もいつも通り。
- ●明日は，エビフライつくるぞ。

110

- なっちゃん，ごめんね。
- 今までありがとう。

授業の振り返り	対話の中で心に残った言葉を選び，その人の名前と理由を書く。 ※自分の言葉を選択してもよいこととする。
感想	感じたことを自由に記入する。

対話・交流し，多面的・多角的に考える「動き」（授業記録から）

授業者の動き	生徒の反応

取り上げたポイント

お母さんが「これが最後」と思っているかは読み手次第である。しかし，「生きたい」というお母さんの思いに迫る入り口であり，対話のポイントになるため取り上げた。

■緑を置いた人は，どこに共感したのですか。

● 喜ぶ顔が見たいなと，きっとお母さんは思ったと私も思うから。
● なんか，そうなんだろうなあと思って。
● そうだと思う。

■やっぱり「最後」と感じているのですか。

■他の人は，どうですか。

● 最後と思っていないかもしれない。

■もう少し詳しく教えてください。

● 明日も，お弁当をつくろうと思っているかも。私がお母さんだったら，そう思う。

■他の人は，どうですか。

●（手があがらない）

■では，近くの人と意見交流をしてください。

●（意見交流を行う）

■意見のある人はいますか。

● 生きたいとは思っている。でも，体がいうことをきかなくなっていることも分かっているから，「最後かな」と感じたかもしれない。
● それなら，両方あるってこと？
● そう。

せめて最後までは
子どもたちに笑顔で
いてほしい...

　「子供たちに笑顔でいてほしい」は，しっか
り生きていってほしいという母親の強いメッ
セージでもあることをつかむために取り上げ
た。

■緑の人は，どこに
　共感しましたか。

●この意見と同じで，子供に悲しい思いをさせた
　くないんだろうなあ。
●最後まで，自分も笑顔でいたいんだろうと感じ
　たから。

■もう少し詳しく教
　えてください。

●「自分も笑顔で」は，お母さんの思い。さっき
　の話から考えると，お母さんは生きたいと願っ
　ているから，「笑顔」でいたいんだと思う。

■明日もお弁当をつ
　くりたいというこ
　とですか。

●そう。

■おにぎり？

●できるなら，エビフライ！　子供が好きだか
　ら。

■みんなはどうです
　か。

●あるかも。

「おいしく食べてもらえると
　　　　嬉しいな...」

　この意見は，これで最後という悲壮感を感
じさせない意見である。この意見を掘り下げ
ることで，お母さんの明日も生きていきたい
という考えに対し，より深く考えるきっかけ
として，この言葉を取り上げた。

■緑の人は，どこに
　共感しましたか。

●私は，きっとお母さんは子供に喜んでもらいた
　いと強く思っていると思います。子供の笑顔が
　自分の喜びに感じるのだと思います。

■他の人は，どうで
　すか。

●それはあると思う。

113

■もう少し詳しく教えてください。 ■どんなことが？ ■他の人は，どうですか。 ■もう少し詳しく教えてください。	●だって，喜んでもらえたら，自分もうれしいじゃないですか。 ●単純においしく食べてもらえること，笑顔で食べてもらえること。 ●それはあると思う。悲しい顔なんか，絶対にしない。 ●死ぬかもしれないという気持ちはゼロではないけど，おにぎりを握っているときは，そんな辛くなるような気持ちではないと僕は思うから。 ●そんな思いのおにぎりだと，食べづらいなあ。

取り上げたポイント

　この言葉をどのように発声するかで，生徒の思いが分かる。母親としての使命感，生きる＝食事を用意する，この表現には様々な可能性の入り口があると考え，取り上げた。

■青を置いたＡ君，何を聞いてみたいですか。 ■Ｂさん，どうですか。 ■Ｂさん，もう一度，この言葉を表現してください。 ■Ａ君，どうですか。 ■皆はどうですか。	●どんなことを言いたいのか分からなくて。 ●お母さんにとっては，お弁当をつくることはいつものことで，普通のことだから「さあ，お弁当つくろう」という自然な感じだったと思う。 ●（「お弁当をつくらなきゃ」を表現） ●言いたい感じは分かりました。 ●……，雰囲気は分かる。 ●でも，この言葉かな～？

取り上げたポイント

　本来できることができなくなっていく辛さが，「悔しい」という言葉で表現されている。このことも，強く生きようとする母親の思い

■青の人，立ってく
　ださい。D君，ど
　んなことを聞きた
　いですか。

●悔しいって，どんなことかなと思いました。

■Cさん，もう少
　し詳しく説明して
　ください。

●どうしてもいつものようにお弁当がつくれな
　い，おにぎりが上手に握れない自分が悔しいと
　思ったから。

■D君,どうですか。

●悔しいのか…。

■他の人は，どうで
　すか。

●……。

■緑の人，どんなこ
　とに共感しました
　か。

●やっぱり悔しいんだろうなと思った。

●お母さんだから，より強く感じるんだろうなあ
　と思います。

■Eさん，「お母さ
　んだから…」をも
　う少し詳しく説明
　してください。

●このお母さんは，きっとお弁当をつくることは
　当たり前のことで，それが普通にできないこと
　が悔しいのだと思う。

■皆，お母さんの願
　いは何だった？

●卒業式まで生きたい。

■台所に立ったとき
　の思いは。

●……。

■近くの人と話し
　合ってください。

●（意見交流を行う）

■どうですか。

●普通のことが普通にできること。

●明日もお弁当をつくること。

取り上げたポイント

　過去を振り返るのではなく，「明日」という
希望を含む言葉もまた，強く生きようとする
母親の思いであるので取り上げた。

■その意見，ありま

したね。 ■Fさん，説明してくれますか。	●やっぱり，お母さんは生きたいのだと思う。でも，自分が悲しんだら，子供たちも心配する。お弁当をつくるときは，今までそんなに強い思いを込めていないと思う。ただ，普通につくっていただけ。だから，お弁当をつくっているときは自分が死ぬなんて思い浮かんでいないと思う。ただおいしいお弁当をつくりたいと。
■みんなはどうですか。	●それはある。 ●お弁当をつくるときは，そうかもしれない。 ●悲しんでいたら，お弁当の味が変わるかも。 ●（笑い）
	**取り上げたポイント** 　この言葉をどのように発声するかで，生徒の思いが分かる。さらに，「〜」に続く言葉を表現させることで，母親の生きようとする思いを深く捉えることができると考え，取り上げた。
■Gさん，もう少し詳しく説明してください。 ■Gさん，もう一度，この言葉を表現してください。 ■Gさん，「〜」にはどんな言葉が入りますか。 ■みんなは，どうですか。	●今までも出ていたけど，お弁当をつくるとき，あまり悲しんでいないと思う。「生きているなぁ」と生きていることを喜んでいると思う。 ●（「生きてるなあ〜」を表現） ●「明日もがんばろう！」 ●明るく表現していることもあると思う。 ●こっちのほうがお母さんらしいかも。

「動きのある授業」の多様な活用事例 I
～「人権教育」と「道徳教育」の架け橋として～

　本書では，道徳科の授業改善の１つとして，「動き」のある授業を提案し
ていますが，ここでは，この「動き」のある授業が，「人権教育」を推進す
る際にも，極めて有効であるという実践を紹介したいと思います。

　平成30年度，令和元年度の２年間，文部科学省「人権教育研究指定校事
業」の指定校として研究を推進してきた，大阪府貝塚市立第一中学校（以
下，一中）の実践です。

　これまでも，年間を通じて人権教育を系統的に学べるように人権教育を計
画的に実施してきた一中の先生方が，さらに改革を進めたいと切実に思われ
たのは，日々接している子供たちの現状を何とか変えていきたいという思い
があったからに他なりません。現代っ子の抱える人権的な課題は山積してい
ます。これは，一中の生徒であっても，例外ではないということです。「自
己肯定感が低く，自分に自信がもてていないのではないか？」「なかなか本
音を言うことができず，友達との付き合いが表面的になっていないか？」「人
間関係の輪が固定的で，一歩踏み出せていないのではないか？」こうした子
供たちの現状を打破し，いろいろな友達の多様な側面を知り，認め合えるよ
うな取組こそが，子供たちの豊かな「人権感覚」を育成する新たな一歩にな
るとの考えから，一中のアドバイザーとなった私が提案させていただいたの
が，まさに，この「動き」のある道徳科授業の手法でした。

　「対話の充実こそが，相互理解，相互尊重の基盤となる」。このことは，「道
徳教育」「人権教育」の別を問わず，全ての教育活動に必要な視点であると
考えます。とかく，対立的に捉えがちな「道徳教育」と「人権教育」のコラ
ボ（＝連携）こそが，子供たちの豊かな「人権感覚」の育成につながるのだ
という，実にやりがいのある「プロジェクト」が始まったのでした。

　一中が研究のメインテーマとして設定したのは，「主体的・対話的な授業
でつなぐ人権教育をめざして～特別の教科　道徳を軸とした人権教育のカリ
キュラム開発」でした。

（➡ P173 に続く）

グループの「動き」

	あかつき	光村	東書	学図	教出	日文	学研	日科	私・道	中・読
ネパールのビール	○ （2 年）						○ （1 年）			
仏の銀蔵	○ （2 年）	○ （1 年）						○ （1 年）		○
背番号 10		○ （3 年）								
誰かのために	○ （3 年）							○ （1 年）	○	
ある日のバッターボックス	○ （1 年）									
裏庭での出来事	○ （1 年）	○ （1 年）		○ （2 年）	○ （1 年）	○ （1 年）	○ （1 年）			○
吾一と京造	○ （1 年）							○ （1 年）		

生徒の感想（抜粋）

● 残り少ないと分かった人生を，人のために使えることが素敵だなと感じた。どんな状況でも，特に残りの人生を大切に生きようと思えることは，とても大事なことだと感じた。

● お母さんは自分が家に帰って娘にお弁当をつくることが，これが最後だと悟っていたわけでなく，「次はがんばるから，今回はこれで許してね」などと，強い希望をもち続けながらおにぎりをつくっていたと思います。

● 人は人のために生きようとすると，大きな力が出てくると思いました。

● 誰かのために生きて，長生きすることができるといったことは科学的に証明されていると書いてあったけど，でも結局のところは気持ちだと自分は思う。お母さんがいつ死ぬかも分からないのに，子供のことを思ってお弁当をつくったことで，そこから生命力が生まれたんだと思う。

● 本当はお弁当をつくれない体，立っていられないほどの体の状態だったことが分かり，ただ長生きをしていたのではなく，子供のために一生懸命に生きていたのだと思い，すごい人だと思いました。

● どんなにつらくても家族に心配をかけたくない，どんなにつらくても生きるという希望を捨てないで生きていたんだと思いました。

● この話で一番心に残ったことは，「命は長さじゃない」という言葉です。命は人によって長い，短いがあるけれど，それをどう生きるかが，大事

	あかつき	光村	東書	学図	教出	日文	学研	日科	私・道	中・読
帰郷								○ (3年)		○
嵐の後に								○ (3年)		○
言葉おしみ			○ (3年)							
一冊の漫画雑誌			○ (3年)							
六千人の命のビザ			○ (2年)			○ (2年)	○ (3年)	○ (3年)		
一冊のノート	○ (2年)	○ (3年)		○ (3年)		○ (3年)	○ (3年)	○ (3年)	○	

なんだと思いました。このお母さんのように，自分の子供のために……と生きるのも人生だし，余生を謳歌するのも人生なんだと思う。

● たとえ，どんなにつらく，きつくて死にそうでも，ただ子供のために何かつくってあげたいという，ただそれだけの思いがお母さんの体に奇跡を起こしたんだと思います。また，台所に立っていれる，それだけでお母さんにとっては「幸せ……」だったんじゃないかと思いました。

● このお母さんは前向きな生き方で，ポジティブな考えだと思いました。前向きな生き方から，1年8か月も生きられることができたんだと思いました。それは「もうこれくらいしか生きられない」ではなく，「もっと生きよう」としていることだと思います。

● この話を聞いて，僕は母親の生きることへの思いに心を打たれました。もともと医師から余命3か月と宣告されていたのに，子供たちの卒業式に出たいという思いで1年8か月も生きることができたことは本当にすごいことだと思いました。

● 今回の教材から生きることの美しさ，生きたいと望むことの凄さを知ることができました。（略）　最後に，命はとても重いものだと思いました。命の重さ，生きようと願うことの強さを感じました。最後の1年を文字で知っただけでも，彼女の人生はとても美しいものだと思いました。彼女から，生きることの大切さを学ぶことができました。

2・3年生

二通の手紙

出 典
文部科学省「私たちの道徳」

「動き」	教師代替	全員参加	グループ	その場	代表生徒
教材情景の再現				○	
音の再現					
登場人物の思いを表現				○	
生徒の自覚を表現				○	

主題とねらい

主題名 遵法精神

ねらい 規則の温かな側面に気付くことで，規則を進んで守ろうとする道徳的実践意欲と態度を育む。

教材の特質

(1) 教材の概要

　毎日のように動物園に訪れていた姉弟のお願いを受け，情にほだされ入園を認めてしまった入園係の元さん。しかし，姉弟は閉園時間になっても現れず，捜索する。

　幸い池のほとりで無事2人を見付け，事なきを得るが，その後の元さんは二通の手紙を受け取ることになる。一通は母親からの感謝の手紙。もう一通は懲戒処分の手紙である。この二通の手紙を読んだ元さんは，「万が一事故にでもなっていたらと思うと…」と言い，自ら職を辞するという結論を出す。

（2）教材の読み

- ●生き方の考えを深める人物 → 元さん
- ●考えを深めるきっかけ → 二通の手紙
- ●考えを深める場面 → 二通の手紙を置き，佐々木さんに話をしている場面

（3）ねらいに迫るために

ここに注目！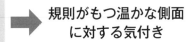

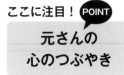 ➡ 規則がもつ温かな側面に対する気付き

　この教材は，「冷たい規則遵守」と「温かな規則破り」が対立するものではない。規則を考える立場の人間は，そこに関わる全ての安全，安心を守りたいというスタンスから規則を考えた以上，情動にほだされ，規則を破ることは，その思いを踏みにじることになる。

　そこで，「万が一，事故にでもなっていたらと思うと…」に続く言葉を想像させ，規則のもつ温かな側面に対する気付きから，ねらいに迫っていく。

「動き」のポイント

１．道徳的諸価値の理解に基づく前理解を表出する「動き」

　この教材の特質上，前理解を表出する「動き」は設定しない。

２．道徳的価値に向き合い，自己を見つめる「動き」

　自ら職を辞する決意をした元さんが「万が一，事故にでもなっていたらと思うと…」と言葉を発する場面を，**その場での「動き」（１人の「動き」）**で再現し，元さんが自らの意思で職を辞する決意をしたことを考えるきっかけとして行う。

３．対話・交流し，多面的・多角的に考える「動き」

　元さんが気付いたことをホワイトボードに書き，マグネットによって対話・交流する。そして，自己評価と相互評価を繰り返し，考えを深めていく。

展開（例）

学習活動	授業の様子
教材の範読	 ● コの字型体型 ● 「動き」を行う場を確保

1．道徳的価値に向き合い，自己を見つめる「動き」

■「万が一，事故にでもなっていたらと思うと…」と言葉を発する場面を，**その場での「動き」**で「と…」後に続く言葉を入れて再現し，決意をしたことを考えるきっかけとして行う。

分担 生徒1：元さん

「動き」のポイント

● 失望の色はなく，晴れ晴れとした顔。

「動き」のシナリオ

● 万が一，事故にでもなっていたらと思うと「　　　　　　　」。

※「　　」は自由に表現する。

元さんになり切って，その思いを自由に表現する生徒

教師の発問	どんな言葉が入ると思いますか？　自由に表現してください
■元さんの思いに迫る。	● 私は，何て馬鹿なことをしたんだ。 ● 私が間違っていた。 ● 事故が起きていたら，どれだけの人に迷惑をかけていただろう。 ● 他の職員に申し訳ない。 ● 事故が起きていたら，自分が処分されるだけで

122

なく，動物園も閉園に追い込まれただろう。
- お母さんに申し訳ない。

教師の発問

> 動物園の規則を考えた人は，規則にどんな思いを込めたと思いますか？

■規則に込められた思いをつかむ。

- 入園者の安全（命）を守りたいという思い。
- 入園者の幸せを願う思い。
- 入園者が楽しく，安全に遊ぶことができるようにという思い。
- 入園者に笑顔になってもらいたいという思い。

2．対話・交流し，多面的・多角的に考える「動き」

教師の発問

> 元さんが気付いたことは何ですか。ホワイトボードに書いてください。

■職を辞する決意をした元さんの思いや考え，自己の考えをホワイトボードに書き，マグネットによる自己評価，相互評価を行う。

■ホワイトボードに書く生徒たち
規則に込められた深い思いや考えからの気付きを基に，元さんの気付きを自由に表現させる。

■マグネットによる自己評価と相互評価の活動
全員の考えにふれることで，自分の考えとの共通点，相違点をつかみ，自分の考えを深める場とする。

■マグネットからの対話に参加する生徒たち
他者の思いに深く迫り相互理解を図るとともに，自己の考えと対比的に捉えることで，より深く主題に迫っていく。

- 自分の感情にまかせた無責任な行動で，多くの
人に迷惑がかかるかもしれない。自分はいいこ
とをしたつもりでも，他の人にとってそうでは
ないかもしれないということ。

- 他にも動物園に行き
たい子がいるかもし
れないのに，2人だ
け入れて無責任なこ
とをしたということ。

- どんなに子供のこと
を考えても，事故が
起きては意味がない
ということ。

- 自分自身の判断ミス
で多くの人生を狂わ
せていたと，判断の
大きさに気付いたか
ら辞めた。

- 事の重大さに気付い
たから。

- 規則を守らず，良心で園内に入れてしまった。
無責任な良心で「最悪なこと」が起こりうるこ
とに気付いた。

- 良い善意と悪い善意
があることに気付い
たから。

- ルールやきまりがも
つ，本当の意味や大
切さ。

- 自分は奥さんを亡くして，落胆していたのに，
今度は姉弟の命を奪いそうになり，姉弟のお母
さんを悲しませて自分と同じ気持ちにさせるこ
とになりそうで，また同じことがあったら責任
を負えなくなるとの思いから退職した。

● 自分の判断は甘かったこと，間違っていたこと。
● 姉弟を思うのなら，違う判断をすべきだったこ
と。

	●私は，何て馬鹿なことをしたんだ。 ●私が間違っていた。 ●事故が起きていたら，どれだけの人に迷惑をかけていただろう。 ●事故が起きていたら，自分が処分されるだけでなく，動物園も閉園に追い込まれただろう。 ●母親から感謝の手紙など，絶対に来ない！
授業の振り返り	対話の中で心に残った言葉を選び，その人の名前と理由を書く。 ※自分の言葉を選択してもよいこととする。
感想	感じたことを自由に記入する。

対話・交流し，多面的・多角的に考える「動き」（授業記録から）

授業者の動き	生徒の反応
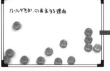	**取り上げたポイント** 　入園係の職責は，情にほだされることではなく，規則を守ることを果たすことであるという点を再確認するために取り上げた。
■緑の人，どんなことに共感しましたか。	●自分も元さんは無責任だと思う。
■もう少し詳しく。	●入園係が規則を破ったら，規則は必要ない。係の責任を果たしていない。
■でもね，姉弟をかわいそうだと思う人も多いよ。	●それは分かるけど，いないことが分かって，結果的に命が危なくなった。Ｃさんの意見のように，人の命に代えられるものはないと思う。
	取り上げたポイント 　きまりの存在理由を改めて確認するために取り上げた。
■青の人，どんなことを聞きたい？	●元さんは入園係だから，きまりが存在する理由を分かっていると思うから，もっと違うことを考えていたのかと思って。
■Ｄ君，説明して。	●何ていうか〜…。
■ゆっくり考えて。上手に説明できなくても，自分の言葉で考えることが大切だから。	
■緑の人が１人いるね。どこに共感したのかな？	●改めて元さんは考えたんだと思う。自分が何のためにきまりが存在するかなんて，普段考えたことがなかったかもしれない。こんな事件になって，改めてどうしてきまりがあるのか，きまりをつくった人はどんなことを思ってきまり

	をつくったのかとかを。
■ D 君，どう？	● そんな感じはあります。

	取り上げたポイント

○厳しい規則は何のために
あるのか

○感情や良心だけで物事を決めることが
正しいわけではない

➡

> きまりの存在理由，特に規則のもつ温かな側面を捉える入り口になる表現である。このことに気付くことにより，規則遵守は決して冷たい行為ではないということを深く考えていく。

■みんな，入園規則は何のためにあると思いますか？

● 入園者の安全や命を守るため。

■ならば，規則は温かい存在では？

● (……)

■この入園規則は，冷たい？

● それはないと思う。

■F 君，「感情や良心だけで物事を決めることが正しいわけではない」をもう少し説明してください。

● 「無責任な良心」という意見があったけど，自分はその通りだと思う。良心が働いているように見えるけど，それは本当に姉弟を思うなら，正しい判断ではないから，良心とは言えない。身勝手な同情。規則は姉弟を守っているから，規則は冷たい存在ではないと思う。

■緑の人，どうですか。

● 自分勝手にやさしさを考えて，人の不幸を招いてはいけないと思うから，正しいわけではないという意見はよく分かる。規則を冷たいと思うのは，きまりをつくったことのない人の意見だと思う。

その場での「動き」

	あかつき	光村	東書	学図	教出	日文	学研	日科	私・道	中・読
ネパールのビール	○ (2年)						○ (1年)			
二通の手紙	○ (3年)	○ (3年)	○ (3年)	○ (2年)	○ (3年)	○ (3年)	○ (3年)	○ (2年)	○	
一冊のノート	○ (2年)	○ (3年)		○ (3年)		○ (3年)	○ (3年)	○ (3年)	○	
夜のくだもの屋	○ (1年)			○ (2年)	○ (2年)	○ (2年)				
闇の中の炎		○ (3年)								○
銀色のシャープペンシル	○ (1年)	○ (1年)	○ (1年)	○ (1年)				○ (1年)		

生徒の感想（抜粋）

● この話を読んで規則とは冷たいもの，つまり嫌なイメージではなくて，温かなものだと思いました。一見うるさくて「何で？」と思ってしまう規則ですが，その規則には思いやりが隠れていると思います。今日の話だと，「子供だけで入園してはダメ」という規則は子供だけだと危険だからという裏の思いやりが，「入園は4時まで」という規則は暗くなると危険だからという裏の思いやりがあるのではないかと思いました。そして，元さんのように一時の感情で規則を破ってしまったら，本当の思いやりではなくなります。つまり，規則を守らせてあげることが一番の思いやりだと思いました。楽しいことは，安全なこととは限らないけれど，安全なことは絶対楽しいことなので，規則を破っても楽しませようという元さんの気持ちではなく，規則を守れば楽しめるという気持ちを初めて知りました。

● あのとき，元さんはふと自分の中の心の緩みで，子供たちを中へ入れてしまい，危険な目にあわせた。しかし，母からは感謝の手紙が来た。手紙の中では「動物園の皆様に迷惑を…」と書いていた。つまり母は，自分の，または子供の不始末で，子供たちが危険な目に…と思っているのではないか。手紙の中にも「私のせいで…」ということは書いてあった。元さんは，自分の心の緩みで子供たちに迷惑をかけたのに，逆にその母に**自責の念**のようなものをもたせてしまった。だから，元さんは，あの

	あかつき	光村	東書	学図	教出	日文	学研	日科	私・道	中・読
町内会デビュー						○ (3年)	○ (1年)			○
裏庭での出来事	○ (1年)	○ (1年)		○ (2年)	○ (1年)	○ (1年)	○ (1年)			○
ばなしの女王				○ (3年)						
吾一と京造	○ (1年)						○ (1年)			
いつわりのバイオリン	○ (1年)				○ (1年)		○ (1年)			
背番号10		○ (3年)								

手紙を見たとき,「俺は何てことをしてしまったんだ…」と思ったのだと思う。だから,「自分はこのままだと人に迷惑をかけたままだ」「規則は守らなければならない」というようなことに気付いて,晴れ晴れとした様子で辞めていったと,自分は考えます。

●ルールは,世界を変えたい,よくしたいと誰よりも強い意欲をもち,人のことを,思いやることができる人がつくらなければ,世の中はおかしくなってしまうと思いました。

●元さんが晴れ晴れとした表情だったのは,子供たちを危険な目にあわせてしまった教訓から,何かを楽しみに生きるのではなく,命あることが最大の幸せ,楽しみだと思ったからではないかと思います。

●きまりは,みんなが安全,かつ楽しくするためにあると思います。今回の動物園でいうと,保護者が子供を見守り,かつ保護者と一緒に楽しく過ごすためのものだと思います。だから,きまりをつくっている人は,誰かに「楽しかった!」と言ってもらえるように一生懸命につくっていると思います。

●母親から感謝の手紙をもらっても退職を選んだということは,いくらその子供たちにいいことをしたとしても,万が一事故につながったら大事件になるし,自分が動物園の規則を破ったことによって人が死んだりしたら,一生その罪悪感をもつことになる。それに近いことをしてしまった自分が許せなくて,辞めたのだと思いました。

1年生

二枚の写真

出典

廣済堂あかつき「中学校の道徳　自分をみつめる１」

「動き」	教師代替	全員参加	グループ	その場	代表生徒
教材情景の再現		○			○
音の再現					○
登場人物の思いを表現		○			○
生徒の自覚を表現		○			○

主題とねらい

主題名 よりよい学校生活，集団生活の充実

ねらい 教師や学校の人々を敬愛し，学級や学校の一員としての自覚をもち，協力し合ってよりよい校風をつくるとともに，様々な集団の意義や集団の中での自分の役割と責任を自覚して集団生活の充実に努めようとする道徳的意欲と心情を育む。

教材の特質

（1）教材の概要

　入院中の浩は，皆と一緒に卒業式を迎えたいと思っているが，病気が故に卒業式に出席できない。卒業式終了後，卒業証書を届けに来た校長が，窓に向かって，卒業証書を高く掲げる。その方向には，学校の屋上に大きく手を振る同級生の姿があった。浩は震える声で「写真を撮ってください」と告げる。倉本は一枚は浩に，もう一枚は屋上にピントを合わせ，写真を撮る。担任の宮下はその写真を見て，素晴らしい笑顔だと感じる。

（2）教材の読み

- 生き方の考えを深める人物 → 浩
- 考えを深めるきっかけ → 屋上に見えた同級生の姿
- 考えを深める場面 → 震える声「写真を撮ってください」と頼んだ場面

（3）ねらいに迫るために

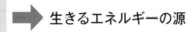

ここに注目！ **POINT**

浩にとっての写真の意味 ➡ **生きるエネルギーの源**

　浩は，写真に何を残したかったのか。感動の場面を残したかったのは言うまでもない。同時に，これからも続く，辛い入院生活を考えると，「これかも生きていくぞ！」という，生きるエネルギーの源にも写真はなっていくかもしれない。このように，読み手である生徒は広い視野から考えが広がる。そこで，「浩は，写真に何を残したかったのか」を問うことで，ねらいに迫っていく。

「動き」のポイント

１．道徳的諸価値の理解に基づく前理解を表出する「動き」

　屋上に集まり，病室の浩に向かって手を振っている同級生の様子を，**全員参加の「動き」**で再現し，思い出を共有した友である浩と一緒に卒業式を迎えたいという思いに気付くために行う。この場面の描写はないが，各自の想像で自由に再現する。

２．道徳的価値に向き合い，自己を見つめる「動き」

　屋上にいる同級生を見付けたときの浩の様子を，**代表生徒の「動き」**で再現し，浩の心情をつかむきっかけとして行う。

３．対話・交流し，多面的・多角的に考える「動き」

　浩が写真の中に残したかったものをホワイトボードに書き，マグネットによって対話・交流する。そして，自己評価と相互評価を繰り返し，考えを深めていく。

展開（例）

学習活動	授業の様子
教材の範読	●コの字型体型 ●「動き」を行う場を確保

1．道徳的諸価値の理解に基づく前理解を表出する「動き」

■屋上に集まり，病室の浩に向かって声をかける同級生の様子を，**全員参加の「動き」**で再現し，思い出を共有した友である浩と一緒に卒業式を迎えたいという思いに気付くために行う。

分担 同級生：生徒全員

「動き」のシナリオ

生徒全員：（合図とともに一斉に）浩に向かって手を振る。

屋上から，浩に声をかけようとする同級生を演じる生徒たち

教師の発問	同級生は心の中で，どんな言葉を発していると思いますか？　自由に表現してください。
■同級生たちの思いをつかむ。	●浩！！！！　　　　　●後で行くよ。 ●俺たち，仲間だぞ。 ●一緒に卒業だ。 ●いつまでも仲間だぞ。

2．道徳的価値に向き合い，自己を見つめる「動き」

■屋上にいる同級生を見付けたときの浩の様子を，**代表生徒の「動き」**で再現し，浩の心情をつかむきっかけとして行う。

分担 浩：生徒1

「動き」のポイント

●せりふなし。

●同級生を見付けたときの浩の表情，体全体から出ている雰囲気。

●心の中のつぶやき。

「動き」のシナリオ

浩：椅子に座り，窓の外を見る。そして，同級生を見付ける。

■同級生を見付けたときの浩の様子を再現する生徒たち

●「まさか」という驚き。

●感動。

●仲間との思い出がよみがえる。

↓

これらを様々な表情を想像するきっかけとして「動き」で表現させる。

教師の発問

「浩は激しく顔を紅潮させていた。震える声で，『写真を撮ってください』と頼んだとあります。浩は写真の中に，何を残したかったのですか？

■浩の思いを深く考え，自己の考えをホワイトボードに書き，マグネットによる自己評価，

相互評価を行う。

・みんなと同じ生徒だったこと。	・そのときの感情。
・自分が学校で過ごしたこと。	・理由。
・自分が生きる意味（思い出）。	・人生で1回しかない中学校の卒業証書を，1人ぼっちではなくもらえたうれしさを残すため。

【思い出】

● 感動した思い出。

● みんなのやさしさの思い出。

● みんなと一緒に過ごした思い出。

● 一緒に卒業できた思い出。

● この学校で過ごした思い出。

● この学校と仲間の思い出。

● 自分がこの学校で過ごしたという思い出。

【「浩」自身】

● 自分がこの学校で過ごしてきたという「証」。

● 自分の学校生活そのもの。

● 自分が生きてきた「証」。

● これから生きて行くための勇気。

● これからの希望。

● 病気に負けないための元気。

	【仲間】 ●素晴らしい仲間。 ●素晴らしい学校。 ●仲間と学校。 ●仲間との絆。 ●仲間たちに対する感謝。 ●先生への感謝。 【願い】 ●これからも仲間と共に生きていこうという思い。 ●これからも強く生きていくんだという決意。 ●病気には決して負けないという思い。 補 浩にとって，この中学校はどんな場所だと思いますか。 ●最高の思い出ができた場所。 ●かけがえのない場所。 ●最高の友達ができたところ。 ●元気がもらえたところ。
授業の振り返り	対話の中で心に残った言葉を選び，その人の名前と理由を書く。 ※自分の言葉を選択してもよいこととする。
感想	感じたことを自由に記入する。

対話・交流し，多面的・多角的に考える「動き」（授業記録から）

授業者の動き	生徒の反応

授業者の動き

ありがとう

■何に対しての「あ
　りがとう」なの？
■緑を置いた人は，
　どんなことに共感
　しましたか。
■どんなことに感動
　したかな。

たくさんの人が
そばにいたこと

■「たくさんの人が
　そばにいたこと」
　の「たくさんの
　人」も，同じです
　か。
■みんなは，どうで
　すか。
■「たくさんの人が
　そばにいたこと」
　に感謝し，それを
　写真に残したかっ
　たのですね。

生徒の反応

取り上げたポイント
**　何に対しての「ありがとう」なのかをつか
み，浩の思いに深く迫るきっかけとして取り
上げた。**

●たくさんの友達が，自分のことを考えてくれて
　いたことに対して。
●きっと，感動したと思うから。

●屋上にみんなが来てくれたこと。
●この学年の仲間でいれたこと。

取り上げたポイント
**　様々な人の世話になったことを再確認する
ために取り上げた。**

●学校で，お世話になった人はたくさんいます。
　保健室の先生，用務員さんも。

●確かに，たくさんいる。

●はい。

難病による闘病生活を送っている浩の内面深くには，生と死を見ている可能性がある。「生きる」という言葉をきっかけに，浩の内面を深く考えるきっかけとして取り上げた。

■Aさん，どんなことを聞いてみたいですか。

■どうですか。

■Aさんはどう思いますか。

■みんなは，どう思いますか。

■周りの人と，話をしてください。

■どうですか。

●「生きているってことを残す」とは，どんなことなのか，詳しく知りたくて。

●皆の姿に感動して，自分の病気のことも浮かんで，今生きているんだと感じたかなと思って。

●これから，大変だからかな……。

●（……）

●（意見交流を行う）

●感動の卒業式は一生忘れられないから，それが生きている証にもなると思う。

浩にとっての「生きている証」に，学校が大きな存在であったことをつかむために取り上げた。

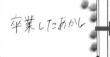

■Bさん，ここに「あかし」とありますが，卒業した証と，生きている証はつながる？

■もう少し詳しく。

■緑の人は，どうですか。

●つながりはあります。

●証は，証拠。どちらも記録，記憶？？に残したいと思ったと思う。

●この学校そのものが，浩が生きてきたと実感した証の場所だと思う。

全員参加の「動き」

	あかつき	光村	東書	学図	教出	日文	学研	日科	私・道	中・読
背番号10		○ (3年)								
二枚の写真	○ (1年)									
バスと赤ちゃん							○ (1年)			

生徒の感想（抜粋）

● 同級生たちは，本当なら浩の顔が見たい！ 話したい！ けれど，無理だから，ほんの少しの動きしか分からないのに，浩が喜んでくれたらそれでいいと思って，一生けんめいに声を出して，手を振って，拍手して，浩を喜ばせるために全力を尽くしたことに感動しました。仲間を思う心があることで，自分も相手も幸せになれることをしっかりと覚えて，今後の生活に生かそうと思います。

● 最初は実話だと思っていなくて，実話だと聞いたときはとてもびっくりしました。このような人たちが世界にたくさんいれば，世界はもっと平和になって，みんなが幸せに暮らせると思う。

● たとえ病気でも，みんなと一緒に卒業したいという気持ちをもち続けて，みんなと卒業したという「証」として，二枚の写真を撮ったのだと思います。病気に立ち向かえるような勇気をもてるように，みんなが協力して聞こえなくても声を送り続けたことで，浩は「今を精一杯生きよう」という気持ちになれたと思います。

● 浩は卒業しても，入院生活はまだ続くと思う。でも，卒業式の日のクラスの人たちの思いは，必ず浩の心に強く残っていると思う。これからの

代表生徒の「動き」

	あかつき	光村	東書	学図	教出	日文	学研	日科	私・道	中・読
二枚の写真	○ (1年)									
夜のくだもの屋	○ (1年)			○ (2年)	○ (2年)	○ (2年)				
ある日のバッターボックス	○ (1年)									
タッチアウト	○ (2年)									
スイッチ								○ (3年)		○
闇の中の炎		○ (3年)								○
言葉の向こうに	○ (1年)	○ (1年)		○ (3年)		○ (3年)	○ (2年)	○ (2年)		○
吾一と京造	○ (1年)							○ (1年)		

生活はとても苦しいこと，つらいことがあると思う。でも，どんなに苦しいことがあっても，浩は病気との戦いであきらめないと思った。

●自分が浩だったら，「写真を撮ってください」と言えなかったと思います。なぜかと言うと，うれしくて，声も出ないくらいだからです。なので，震えた声でも，言えた浩はすごいと思いました。

●絆がないとできないことだと思ったので，最高の学校だと感じました。

●「みんなで一緒に卒業しよう！」という意見が出たときの様子を想像して，クラスのみんな，学年のみんなはとても仲間思い，やさしい人たちばかりなんだろうなあと思いました。

●浩が写真に残したかったものは，「愛」だと思います。遠足で集合に遅れたとき，浩の姿が見えると自然と拍手が起きました。卒業式には出られなかったけれど，同級生102人全員が病室に向かって手を振っています。これは，みんなの「愛」があったから。そのみんなの「愛」を浩は写真に残したいと考えたのだと思います。

●浩が写真に残したかったことは，自分が今，生きているという瞬間を，みんなと一緒の写真に残したかったし，自分が今まで生きていたこと自体も残したかったのだと思いました。

3年生

背番号 10

出典
光村図書「中学校道徳 3」

「動き」	教師代替	全員参加	グループ	その場	代表生徒
教材情景の再現		○	○	○	
音の再現		○			
登場人物の思いを表現			○	○	
生徒の自覚を表現			○	○	

主題とねらい

主題名 感謝の心

ねらい 多くの人々の善意や支えに気付き，それに感謝し，応えようとする道徳的心情を育む。

教材の特質

（1）教材の概要

　甲子園を目指している主人公は，キャプテンに選ばれる。新人戦で負けた後のチームのやる気のなさに部員たちを注意しとがめるうちに，みんなの心が自分から離れ，悩む。そんな中，右ひじを故障しプレイができなくなる。野球を辞めようとつぶやいたとき，父親から一喝され，自分のできることをして野球を続けようと決心する。主人公は，部員を見つめ，世話をする。夏の大会を前に，主人公は思いがけず背番号 10 をもらう。このときに起こるチームメイトの温かい拍手によって主人公は，部員の思いに気付き，それに感謝する。主人公は補欠のキャプテンとしてベンチ入りし，甲子園出場が実現する。

（2）教材の読み

- 生き方の考えを深める人物　→　僕
- 考えを深めるきっかけ　　　→　父の言葉
- 考えを深める場面　　　　　→　チームメイトから拍手が起こった場面

（3）ねらいに迫るために

ここに注目！ POINT

頭を深々と下げる主人公　➡️　**主人公の強い思い**

　1度目の拍手で頭を下げ，2度目の拍手でさらに深々と頭を下げる。ここに主人公の強い思いが表現されている。読み手である生徒は，感謝の対象の広がり，キャプテンとしての自覚と決意の再認識などについて，広い視野から気付き，発見していく。

　そこで，この場面での主人公の「心のつぶやき」を想像することから，ねらいに迫っていく。

「動き」のポイント

1．道徳的諸価値の理解に基づく前理解を表出する「動き」

　背番号10が伝えられ，受け取る場面を**全員参加の「動き」**で再現し，総勢80名の部員の思いと主人公の感謝の気持ちが通い合った感動を実感するために行う。

2．道徳的価値に向き合い，自己を見つめる「動き」

　2回目の拍手の後，主人公が頭を深々と下げる場面を，**グループの「動き」**で再現し，主人公の思いを深く考えるきっかけとして行う。

3．対話・交流し，多面的・多角的に考える「動き」＋自己を見つめる「動き」　その場での動き

　主人公が頭を下げたときの心のつぶやきをホワイトボードに書き，マグネットによって対話・交流する。そして，自己評価と相互評価を繰り返し考えを深める。

展開（例）

学習活動	授業の様子
教材の範読	● コの字型体型 ● 「動き」を行う場を確保

1. 道徳的諸価値の理解に基づく前理解を表出する「動き」

■ 背番号 10 が伝えられ，受け取る場面を**全員参加の「動き」**で再現し，総勢 80 名の部員の思いと主人公の感謝の気持ちが通い合った感動を実感するために行う。

分担 監督：教師 / 主人公：代表生徒 / 部員：生徒全員

「動き」のポイント

● 背番号を受け取る様子　　● 監督の表情

● 部員の拍手の音と表情

「動き」のシナリオ

教師　　　　：背番号 10 だ。大会も頼むぞ。

生徒全員：（拍手）

代表生徒：（立ち上がり，背番号 10 を受け取り，頭を下げる）

生徒全員：（さらに大きな拍手）

代表生徒：（もう一度，深々と頭を下げる）

監督から背番号 10 を告げられ，驚く主人公

さらに大きな拍手を部員たち

監督の言葉を聞き，拍手する総勢 80 名の部員たち

深々と頭を下げる生徒

監督から背番号 10 を受け取る主人公

<table>
<tr><td></td><td>背番号10を告げられ，頭を下げたとき，主人公はどんなことを考えたと思いますか。心のつぶやきで表現してください。</td></tr>
</table>

■主人公の思いをつかむ。

- どうして，自分が…。
- 俺でいいの？
- みんな，ありがとう。
- 監督，ありがとうございます。

2．道徳的価値に向き合い，自己を見つめる「動き」

■２回目の拍手の後に主人公が頭を深々と下げる場面を，**グループの「動き」**で表現し，主人公の思いに迫る。

分担 主人公：生徒１／監督：生徒２／部員：他の生徒

「動き」のポイント
- 主人公の表情や体の向き
- 体全体から出ている雰囲気

「動き」のシナリオ

生徒２ ：背番号10だ。大会も頼むぞ。

他の生徒：（拍手）

生徒１ ：（立ち上がり，背番号10を受け取り，頭を下げる）

他の生徒：（さらに大きな拍手）

生徒１ ：（もう一度，深々と頭を下げる）

※時間内に立場を変えて，何度も行う。

※２グループに，表現してもらう。

さらに大きな拍手をする部員

向きを変えてから深々と頭を下げる生徒

<table>
<tr><td>教師の発問</td><td>どうして２回目の拍手の後，深々と頭を下げたのですか？</td></tr>
</table>

143

| ■主人公の思いをつ
かむ。 | ●皆の拍手に応えないといけないと思ったから。
●感謝しても，しきれないと思ったから。
問い返し 誰に感謝しているのですか？
●チーム全員　●監督　●お父さん |

3．対話・交流し，多面的・多角的に考える「動き」

教師の発問

> 背番号10を告げられ，主人公は2度，頭を下げます。このときの心のつぶやきを表現してください。

**予想される
生徒の反応**

■背番号10を告げられ，頭を下げたときの，主人公の思いをつかみ，自己の考えをホワイトボードに書き，マグネットによる自己評価，相互評価を行う。

> 【1度目】：え…。
【2度目】：背番号10になれるまで関わってきてくれたみんなに「ありがとうございます」。

> 【1度目】：監督，部員，お父さん，ありがとうございます。
【2度目】：野球辞めなくてよかったな。みんなに本当にありがとう。

> 【1度目】：監督，選んでくれてありがとうございます。
【2度目】：お父さん，あのときに叱って，僕を救ってくれてありがとう。

> 【1度目】：（監督に）ケガをしているのに…。あ，ありがとうございます。
【2度目】：（みんなに）今までいろいろあったのに…。こんな僕を祝ってくれてありがとう！

教師の発問

> 監督は，なぜ主人公に背番号10を渡したのですか？

■主人公を支えた人たちの思いをつかむ。

●試合中にプレーする選手を支える人間は彼しかいないから。
●苦しい時期を乗り越えた彼こそがキャプテンにふさわしいと考えたから。

「監督」という立場になって,
思いを語る生徒

問い返し もう1人,プレーができる選手を選
ぶこともできたのではないですか?

● 彼に代わる選手はいない。

● 監督の私と同じように,チームを見てくれる人
間が必要だったから。

> キャプテンがメンバーに選ばれて,後輩の
> あなたはどう思いましたか?

● 先輩は本当に頑張っていた。選ばれて当然だと
思う。

● 苦しいとき,先輩は自分たちにいつも声をかけ
てくれた。キャプテンがいなければ,今のチー
ムはない。選ばれて本当にうれしい。

「後輩」という立場になって,
思いを語る生徒

問い返し あなたにも厳しく接し,腹が立ったこ
ともあったのではないですか?

● それはそのときの話で,今は信頼している。

● 腹が立つことは誰にでもあるけど,それとキャ
プテンが選ばれたことは関係がない。

> キャプテンがメンバーに選ばれて,同級生
> のあなたはどう思いましたか?

● あいつが一番頑張っていたのは分かっていたか
ら,おめでとうと言いたい。

教師の発問

教師の発問

- 一番苦しんだのは彼だ。だから，その努力が報われたことは自分のことのようにうれしい。
- 試合中も自分を支えてほしい，隣にいてほしい。

「同級生」という立場になって，思いを語る生徒

問い返し 彼が苦しんでいるとき，あなたにはどんな思いがありましたか？
- 何とか乗り越えてほしいと思った。
- しっかりしてほしいと思った。

問い返し でも，今は？
- 本当によかった。
- 自分のことのようにうれしい。

教師の発問

> お父さんは，なぜあのとき厳しい言葉を息子に言ったのですか？

- 途中で投げ出してほしくなかったから。
- ここで辞めたら，きっともっとダメになると思ったから。
- 彼が一番野球が好きだっていうことに，改めて自分で気付いてほしいと思ったから。

「父親」という立場になって，思いを語る生徒

問い返し 高校生なのだから，彼の判断に任せればよかったのではありませんか？
- 父として，伝えるべきことは伝える必要があると思った。
- 息子に後悔してほしくなかったから。

教師の発問	さらに大きくなった全員の拍手を聞いて，再度深々と頭を下げたとき，主人公はどんなことを考えたと思いますか。心のつぶやきで表現してください。
■主人公の思いを再度確認する。	【自分自身に関わること】 ●野球を辞めなくてよかった。 ●俺はもっと頑張らないといけない。 ●甲子園でも精一杯，がんばるぞ。 【仲間に関わること】 ●本当にみんな，ありがとう。 ●俺のことを見捨てないでくれて，ありがとう。 ●一緒に甲子園で戦おう。 ●選手として出られない人がいる，申し訳ない。 【父に対して】 ●お父さんの言葉がなかったら，自分は逃げていたかもしれない。ありがとう。 ●お父さんは，全部分かっていたんだろうな。 【監督に対して】 ●自分のことを見捨てていなくて，感謝している。 ●監督は，本当に自分のことを見ていてくれたんだ。
授業の振り返り	対話の中で心に残った言葉を選び，その人の名前と理由を書く。 ※自分の言葉を選択してもよいこととする。
感想	感じたことを自由に記入する。

対話・交流し，多面的・多角的に考える「動き」（授業記録から）

授業者	生徒の反応
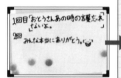	**取り上げたポイント** 　選ばれた驚きと不安は誰しもが感じるところであり，生徒も同様である。この主人公の思いから主題に迫るために取り上げた。
■緑を置いた人は，どこに共感したのですか。	●自分も，本当に選ばれていいのか，信じられない気持ちがあるから，よく分かると思った。 ●自分もみんなに感謝するだろうなと思った。 ●「こんな自分」って，自分も考えると思った。
■どうして「あ，ありがとうございます」と一度，言葉につまったのかな？	●やっぱりケガをしている自分が選ばれていいのか，一瞬困ってしまったと思う。
	取り上げたポイント 　主人公の思いが大きく変化したのは，父の言葉がきっかけである。このときの主人公の思いをつかむために取り上げた。
■青を置いた人，どんなことを聞きたいと思った？ ■B君，どうですか。 ■B君，お父さんの言葉って，大きかったのかな？ ■緑の人は，どうですか。	●お父さんの言葉が忘れられないなら，「お父さん，ありがとう」かなと思ったから。 ●それもあるけど，目の前に仲間がいたから。 ●お父さんは何もかも分かっていて，あえてあの言葉を言ってくれたと思ったから，自分にとっては大きい。 ●自分の考えは，お父さんの言葉は確かにきっかけになったけど，考え結論を出したのは自分だと考えていた。でも，この意見もよく分かる。

取り上げたポイント

　2つの言葉の違いは，感謝に対する思いが深まった結果，出てきた表現の可能性が高い。対話から掘り下げることで，主題に迫っていくために取り上げた。

- ■青の人，質問はありますか。
- ●どうして，言葉が変わったのかなと思った。

- ■C君は野球部員ですね。どうして，2回目は「ありがとうございます」と言葉が変わったのですか？
- ●1回目は部員への感謝，2回目は監督と父親へのありがとうを伝えたかったから。

- ■みんなはどうして変わったと思いますか？
- ●監督やお父さんだから，礼儀正しい言葉で表現する。

- ■大人に対する礼儀だから？
- ●そう。
- ●………。
- ■仲間には「ありがとうございます」という言葉を使わないのかな？
- ●いや，仲間にもあると思う。

- ■詳しく教えてください。
- ●部員にも助けられたから。
- ●自分がユニフォームをもらったから，出られない選手が1人いるから。
- ●この場合，本当に感謝しているんだから，自然とその言葉になるんじゃないの。
- ■C君，どう？
- ●それ，あるかも。

全員参加の「動き」

	あかつき	光村	東書	学図	教出	日文	学研	日科	私・道	中・読
背番号10		○ (3年)								
二枚の写真	○ (1年)									
バスと赤ちゃん							○ (1年)			

生徒の感想（抜粋）

● 自分の挫折や立ち直ってからの努力などを認めてくれるお父さんや監督，仲間たちなど，いい人に囲まれていた。ベンチだけど出場することができたので，その人たちにとても感謝したと思う。

● 絶対に忘れてはいけないことにキャプテンは気付いて，最後はきちんとその役割を果たして，部員のことをとても大切に思っていたと思う。キャプテンが選ばれたとき，よく心から拍手ができるなと思った。部員はとてもすごい人たちだなと思った。きっとキャプテンも感じたと思う。

● 骨折してもベンチに入れてくれて「ありがとう」と，キャプテンは心の中で監督と部員に言ったと思う。キャプテンは骨折しても，一生懸命に

グループの「動き」

	あかつき	光村	東書	学図	教出	日文	学研	日科	私・道	中・読
ネパールのビール	○ (2年)						○ (1年)			
仏の銀蔵	○ (2年)	○ (1年)						○ (1年)		○
背番号10		○ (3年)								
誰かのために	○ (3年)							○ (1年)	○	
ある日のバッターボックス	○ (1年)									
裏庭での出来事	○ (1年)	○ (1年)		○ (2年)	○ (1年)	○ (1年)	○ (1年)			○
吾一と京造	○ (1年)						○ (1年)			
帰郷								○ (3年)		
嵐の後に								○ (3年)		○
言葉おしみ				○ (3年)						
一冊の漫画雑誌				○ (3年)						
六千人の命のビザ				○ (2年)		○ (2年)	○ (3年)	○ (3年)		
一冊のノート	○ (2年)	○ (3年)		○ (3年)		○ (3年)	○ (3年)	○ (3年)	○	

頑張っていて，すごいなあと思いました。

● 私は，お父さんが怒らなかったら，主人公の気持ちは変化しなかったと思います。お父さんに怒られて自分が変わったからこそチームに認められ，背番号をもらえて，いろいろな人に感謝の気持ちを頭を下げて伝えたのだと思います。

● 「試合にも出ることができない僕ですが，よろしくお願いします！」というみんなへの気持ち，助けてくれたお父さんへの感謝の気持ちがあったと思います。1回目：（え！？…みんな，ありがとう）＋2回目：（みんなのために頑張る！ホントにありがとう！）

1・2年生

仏の銀蔵

出 典

文部科学省「中学校道徳　読み物資料集」

「動き」	教師代替	全員参加	グループ	その場	代表生徒
教材情景の再現			○		
音の再現					
登場人物の思いを表現			○		
生徒の自覚を表現			○		

主題とねらい

主題名 遵法精神

ねらい 社会，法やきまりの意義を理解し，規範意識を高めることで，秩序や規律のある社会を築こうとする道徳的実践意欲を育む。

教材の特質

（1）教材の概要

　厳しい金の取り立てをしていた銀蔵が，証文綴りをなくし，金の取り立てができなくなる。銀蔵が苦しい生活をするようになると，銀蔵を恐れ，憎んでいた人々が，証文綴りがなくても自ら借金を返し始める。「貧しいが，盗人にはなりたくねえ」「お天道様が見てござる」との村人の言葉を聞き，銀蔵は自らの考えを改める。

（2）教材の読み

　この教材は，銀蔵と村人の両方が道徳的に変化する。そこで，本項では村人の道徳的変化に焦点を当てる。

　　●生き方の考えを深める人物 → 村人

- 考えを深めるきっかけ　　→　生活が苦しくなった銀蔵の姿
- 考えを深める場面　　　　→　村人が「お天道様が見てござる」と，
　　　　　　　　　　　　　　　気付いた場面（ただし，本文中に記述
　　　　　　　　　　　　　　　はない）

（3）ねらいに迫るために

ここに注目！ POINT

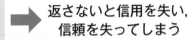

証文綴りがないのに，
借金を返し始める村人

➡

返さないと信用を失い，
信頼を失ってしまう

　お金を借りることができたのは，返すという信用を得たから。それを誤魔化す行為は，信用を失うだけでなく，人としての信頼も失うことになる。信頼し合う社会の実現には，互いを結び付ける規範が必要である。

　そこで，銀蔵と村人の会話を再現し，村人の気付きを通して，ねらいに迫っていく。

「動き」のポイント

１．道徳的諸価値の理解に基づく前理解を表出する「動き」

　「場面１：証文綴りがあるときの銀蔵と村人の会話」「場面２：証文綴りがなくなってしばらく経ったときの銀蔵と村人の会話」「場面３：食べ物を求めるようになったときの銀蔵と村人の会話」「場面４：村人が証文綴りがないのに借金を返し始めたときの銀蔵と村人の会話」の場面を，**グループ（ペア）の「動き」**で再現し，村人の気付きをつかむために行う。

２．道徳的価値に向き合い，自己を見つめる「動き」

　「場面２：証文綴りがなくなってしばらく経ったときの銀蔵と村人の会話」を，代表生徒と教師による**グループ（ペア）の「動き」**で再現し，村人が証文綴りがないのに借金を返した理由を考えるきっかけとして行う。

３．対話・交流し，多面的・多角的に考える「動き」

　村人が借金を返し始めた理由をホワイトボードに書き，マグネットによって対話・交流する。そして，自己評価と相互評価を繰り返し，考えを深めていく。

展開（例）

学習活動	授業の様子
教材の範読	 ●コの字型体型　●「動き」を行う場を確保

1．道徳的諸価値の理解に基づく前理解を表出する「動き」

■4つの場面の銀蔵と村人の会話を，**グループ（ペア）の「動き」**で再現し，村人の気付きをつかむために行う。ただし，「　　」の中のせりふは想像して会話文をつくる。

分担 村人：生徒1／銀蔵：生徒2

●銀蔵，村人の体全体から出ている雰囲気。

●せりふの語気，音量，抑揚，声の張りなど。

「動き」のシナリオ

○場面1：証文綴りがあるときの銀蔵と村人の会話

銀蔵　「さあ，払え。今すぐ払え」

村人　「　　　　　　　　　」

■場面1
銀蔵の取り立てに，必死にお願いする村人

○場面2：証文綴りがなくなって，しばらく経ったときの銀蔵と村人の会話

銀蔵　「　　　　　　　　　」

村人　「さて，銀蔵さん。私はいくらお借りしましたか？」

■場面2
村人の態度の豹変に驚く銀蔵

○場面３：食べ物を求めるようになったときの銀蔵と村人の会話

銀蔵 「　　　　　　　　　　」

村人 「　　　　　　　　　　」

■場面３
食べ物がなく，頼み込む銀蔵に，「仕方がないなあ」と
食べ物をあげようとする村人

○場面４：村人が，証文綴りがないのに借金を返し始めたときの銀
　　　　蔵と村人の会話

銀蔵 「証文もないのに，なぜ借金を払うんだ」

村人 「貧しいが，盗人にはなりたくねえ」

　　　「お天道様が見てござる」

■場面４
証文綴りもないのに謝金を返し始めた理由を聞く銀蔵と，
説明する村人

教師の発問	どうして，村人は証文綴りがないのに，借金を返し始めたのですか？
■村人の思いをつかむ。	●銀蔵が困っているから。 ●お天道様が見ていて，ごまかせないと思ったから。 ●借りたものは返すのが，当たり前だから。

２．道徳的価値に向き合い，自己を見つめる「動き」

■場面２の銀蔵と村人の会話を，代表生徒と教師による**グループ（ペア）の「動き」**で再現し，村人の気付きを深くつかむために行う。

分担 村人：教師／銀蔵：生徒1

●村人の言葉と表情。

「動き」のシナリオ（別パターン）

銀蔵 「おい，借金を返せ」

村人 「銀蔵さん，心配しないで
　　　ください。証文綴りがな
　　　くても，私は今まで通り
　　　に返します」

教師の発問

> 当たり前を考えるなら，どうして場面2で，そのことを最初から銀蔵に言わなかったのですか？

■村人の思いをつか
　む。

●そのときは，ごまかせると思ってしまったから。

●まだ，銀蔵が偉そうにしていて，態度が変わっ
　ていなかったから。

●銀蔵の態度が気に食わなくて，言いたくなかっ
　たから。

●銀蔵の言っていることは分かっていたけど，ど
　うしても銀蔵が嫌いで，言いたくなかったから。

●他の村人も，そう言っていたから。

●そのときは，銀蔵が困ればいいと思っていたか
　ら。

補 借りたお金を返すか，返さないかは，銀蔵の
　　態度で決まるのですか。

●それは違う。

●借りたのは自分。銀蔵は関係ない。

補 なぜ，村人はお金を借りたのですか。

●生活に困っていたから。

●どうしてもお金が必要だったから。

3. 対話・交流し，多面的・多角的に考える「動き」

村人は証文綴りがないのに，借金を返し始めました。村人が気付いたことは何ですか？

■村人が借金を返し始めた理由をホワイトボードに書き，マグネットによる自己評価，相互評価を行う。

予想される生徒の反応

・2つ目のシーンのときは銀蔵の手元にお金があったから村人たちは意地悪をしたけど，3・4つ目のシーンではお金を全くもっていなかったから，さすがに銀蔵のことがかわいそうだと思ったから，お金を返し始めた。

・最初は返す気持ちはなかったが，銀蔵が貧弱になるにつれ，罪悪感が芽生え，申し訳ない気持ちでいっぱいになり，銀蔵を救いたい気持ちもあった。

・嘘をついたままだったら，自分もいつか銀蔵さんと同じようにバチが当たってしまうから。

・犯罪はだめだという自分の中の誠実な気持ちと罪悪感にさいなまれたから。

<table>
<tr>
<td></td>
<td>
・銀蔵さんのお金のおかげで生活できていたから，その恩はしっかり返そうと思ったから。
</td>
<td>
・今まではごまかしたりしてたけど，結局はお金を借りたことには変わりないから。
</td>
</tr>
<tr>
<td></td>
<td colspan="2">

● 自分のズルさに気が付いた。

● 自分が約束したならば，どんなことがあっても約束を守るのは当然のことだということ。

● お金を借りた責任は自分にあるから，銀蔵がどうであれ，返すのは自分の義務だということ。

● 自分が困ったから銀蔵にお金を借りた。銀蔵が困っているのに，嘘をつくのは人間として許せないし，そんな人間になりたくない。

● 借りたものを返すことは当然で，銀蔵の態度等で変化するものではないから。

● 人に後ろ指を指されるような生き方ではなく，堂々と生きていきたいから。

補 なぜ，村人はお金を借りることができたのですか。

● 借金を必ず返すだろうと信用してくれたから。

● 銀蔵は，自分を信用してくれたから。
</td>
</tr>
<tr>
<td>**授業の振り返り**</td>
<td colspan="2">
対話の中で心に残った言葉を選び，その人の名前と理由を書く。

※自分の言葉を選択してもよいこととする。
</td>
</tr>
<tr>
<td>**感想**</td>
<td colspan="2">
感じたことを自由に記入する。
</td>
</tr>
</table>

対話・交流し，多面的・多角的に考える「動き」（授業記録から）

授業者の動き	生徒の反応

銀蔵がお金に
困っているのをみて，
「助けたい」と思ったから。

→

取り上げたポイント

「脅していた銀蔵を助けたくない」「困っているのだから助けたい」という一見矛盾した村人の思いや考えの変化をつかむために取り上げた。

■青を置いたＡさん，聞いてみたいことは何ですか。

- 自分はあまり「助けたい」という気持ちは，すぐに浮かばなかったから，どうしてかを聞きたかった。

■本人，どうですか。

- 家にまで来て困ったと言われたから，その顔を見るとかわいそうだと思ったから。

■Ａさん，どうですか。

- それは分かる。けど，何となく「助けたい」はすぐに出てこない。

■どうして。

- ……。銀蔵に腹が立っていたから。

■みんなはどうですか。

- ……。

■では，近くの人と意見交流をしてください。

- （意見交流を行う）

■意見のある人はいますか。

- 助けたいというよりは，「仕方がない」かもしれない。

■もう少し詳しく説明してください。

- 嫌なことばかりをされていると，さすがに心から助けたいとは思わないかもしれない。でも，後で恨まれても困るから仕方がないなあっていう感じ。

■では，緑の人はどんなところに共感したのですか。

- 困っている銀蔵を放っておくことはできないから，そうだと思った。

- 自分も助けるだろうなと思って。

- 同じ村で生活しているのだから，助け合わなければならないと思う。

■怒っていたはずですが，その気持ちは変わったということですか。	●（う〜ん） ●変わったかもしれない。困っている姿を見てしまったから。
・しょうじきに生きたいから。 ・銀蔵は商売でやっていたことで，かりたのは，自分なんだから，やっぱり返さなきゃいけないと思ったから。　▶	**取り上げたポイント** 　「正直に生きたい」「借りたのは自分」ともに，規則を守ることで社会秩序が保たれ，規則を守る責任があることを明確に自覚することができる表現である。ここをきっかけに，規則遵守の目指すところの理解を深めるために取り上げた。
■Ｂさん，銀蔵は仕事だから当然ということですか。 ■「正直に生きたい」を，もう少し詳しく説明してください。 ■他の人は，どうですか。	●生活に困ってお金を貸してと頼んだのは自分。銀蔵は仕事。都合よく考えたら，ダメだと思った。 ●今も言ったけど，都合よく勝手に考えたらダメだと思う。それは嘘を言っていることにもなる。嘘をついたら，信用されないし，今度生活に困ったら，お金を貸してもらえない。 ●確かに，それはあると思う。
厳しい取り立てに苦しんでたぶん，証文綴りをなくした銀蔵にざまぁみろって思って興奮していたからその勢いですっとぼけても大丈夫と思って言っちゃったけど犯罪はだめだという自分の中の誠実な気もちとざいあく感にのまれたから　▶	**取り上げたポイント** 　「誠実な気持ち」「罪悪感」は，ともに人間がもつ良心，よりよく生きたいと願う心に基づいている。規則遵守もまた，この良心によって支えられていることを深く考えるために取り上げた。
■緑の人は，どこに共感しましたか。	●最初は，バチが当たったと思った。けれど，このまま黙っていたら，自分にもバチが当たると思った。 ●確かに罪悪感は出ると思った。

■みんなは，どうですか。

■でも，村人はダメだと自分で気付いたんですよね。誰かに言われたからではないですよね。

■それは，どうしてですか。

■天使の声？

■じゃ，心の中の天使の声をつぶやいてみてください。

■周りの人と，少し考えてみてください。

■発表できる人はいますか。

■さっきも取り上げましたが，お金を返すか，返さないかは，銀蔵の態度で決まるのですか。

■もう少し詳しく説明してください。

●そう。
●銀蔵の態度は許せないというのは分かる。
●あんな態度なら，腹が立つのは当然。
●そう。

●罪悪感というよりは，良心の声，天使の声が聞こえたから。
●天使の声と悪魔の声って，言うでしょ。
●「ごまかして，いいの？」
●「返さないと，後悔するよ」

●（意見交流を行う）

●「借りたのは，自分。銀蔵の問題にすり替えたらだめだろ」
●「自分が困ったときにお金を貸してくれたのは，銀蔵。だから，それを返すのが当然なんじゃないの」
●「冷静に自分を見てごらん」
●それは違う。

●借りた責任は自分にある。確かに銀蔵には腹が立つけど，返すと約束したのは自分だから，銀蔵の態度は関係ない。

グループの「動き」

	あかつき	光村	東書	学図	教出	日文	学研	日科	私・道	中・読
ネパールのビール	○(2年)						○(1年)			
仏の銀蔵	○(2年)	○(1年)						○(1年)		○
背番号10		○(3年)								
誰かのために	○(3年)							○(1年)	○	
ある日のバッターボックス	○(1年)									
裏庭での出来事	○(1年)	○(1年)		○(2年)	○(1年)	○(1年)	○(1年)			○
吾一と京造	○(1年)						○(1年)			
帰郷								○(3年)		○
嵐の後に								○(3年)		○
言葉おしみ			○(3年)							
一冊の漫画雑誌			○(3年)							
六千人の命のビザ			○(2年)		○(2年)	○(3年)	○(3年)			
一冊のノート	○(2年)	○(3年)		○(3年)		○(3年)	○(3年)	○(3年)	○	

生徒の感想（抜粋）

● 村人が証文綴りがないにもかかわらず借金を返し始めたのは，村人たちにもモラルがあって，「借りたら返す」ということをちゃんと分かっていたからだと思う。でも，分かっていても，意地悪になるんですよね，人って。

● 銀蔵がまだ20両を持っていたときには「今，返さなくても大丈夫だろう」と村人は思って，意地悪をしてしまったんだと思う。でも，銀蔵が1文も持っていないことが分かると，さすがにかわいそうだし，「銀蔵は自分が金を返すと信じているから貸してくれた」と思ったから，少しずつでも返したんだと思います。返金をしつこく迫られても，自分のことを信じてお金を貸してくれた人を裏切ることはできなかったと思います。

●村人たちは，銀蔵が本当にお金を必要としている姿を見て，自らお金を返したのだと思います。村人たちは，銀蔵がお金を貸したときとは違い，損得を考えずに，助け合うことを考えたのではないかと思います。

●この話では，借りたものは必ず返そうとする村人たちがいたので，人から借りたものは，どんな理由があっても，必ず返さなければいけないんだということがよく分かったので，よかったです。

●自分が人の気持ちも考えずに「借金を返せ」というのは，言った相手にどれだけ失礼なのか，どれだけ信頼関係が悪くなるのかが分かった。人に悪いことをすると，自分にも必ず悪いことが返ってくるというのは，この物語のようなことだと思った。

1・2年生

夜のくだもの屋

出典

廣済堂あかつき「中学校の道徳　自分を見つめる 1」

「動き」	教師代替	全員参加	グループ	その場	代表生徒
教材情景の再現	○				○
音の再現					○
主人公の思いを表現	○				○
生徒の自覚を表現					○

主題とねらい

主題名 心の温かさ

ねらい 人との関わり合いの中で生きていることを感じ，思いやりの心で人と接しようとする道徳的心情を育む。

教材の特質

（1）教材の概要

　合唱コンクールの練習で帰宅が遅くなっていた少女は，夜道の暗い中でくだもの屋の温かい灯りを支えにしていた。コンクールが終わり，久しぶりにくだもの屋の前を通るとコンクールの曲が聞こえ，おじさん，おばさんと再会する。おばさんから灯りをつけていた理由，しばらく歌が聞こえなかったので心配していたことを聞き，少女はもう一度，頭を下げる。

（2）教材の読み

　　●生き方の考えを深める人物　→　少女

　　●考えを深めるきっかけ　　→　くだもの屋のおばさんの言葉

　　●考えを深める場面　　　　→　頭を下げた場面

（3）ねらいに迫るために

ここに注目！ POINT

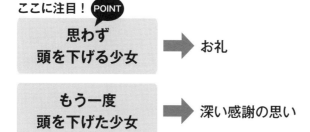

少女は，おばさんの話を聞き，2度頭を下げる。そこで，1度目と2度目の違いを考えることで，ねらいに迫っていく。

「動き」のポイント

1．道徳的諸価値の理解に基づく前理解を表出する「動き」

暗い夜道を1人で帰宅する少女が，くだもの屋の前を通り過ぎる様子を，**代表生徒による「動き」**で再現し，少女の内面を想像するために行う。

2．道徳的価値に向き合い，自己を見つめる「動き」①

暗い夜道を1人で帰宅する少女がくだもの屋の前を通り過ぎた後，くだもの屋の夫婦がいつ灯りを消すかを，**教師代替の「動き」**で確認する。くだもの屋の夫婦のあえて声をかけない，粋な心遣いに気付くきっかけとして行う。

3．道徳的価値に向き合い，自己を見つめる「動き」②

おばさんの話を聞き，もう一度頭を下げた場面を**その場での「動き」**で表現し，少女の感謝の気持ちを実感するために行う。

4．対話・交流し，多面的・多角的に考える「動き」

少女の心の中のつぶやきをホワイトボードに書き，マグネットによって対話・交流する。そして，自己評価と相互評価を繰り返し，考えを深めていく。

展開（例）

学習活動	授業の様子
教材の範読	●コの字型体型 ●「動き」を行う場を確保 

1．道徳的諸価値の理解に基づく前理解を表出する「動き」

■暗い夜道を1人で帰宅する少女がくだもの屋の前を通り過ぎる様子を，**代表生徒の「動き」**で再現し，少女の思いをつかむ。

分担 少女：代表生徒1

「動き」のポイント
●少女の表情，歩く感じなど，体全体から出ている雰囲気。
●コンクール曲を口ずさむ様子。

「動き」のシナリオ
　少女：くだもの屋の店の前を，コンクール曲を口ずさみながら歩く。

教師の発問 ■くだもの屋の夫婦の思いをつかむ。	くだもの屋の夫婦は，なぜ少女のために灯りをつけたと思いますか？ ●心配だから。 ●毎日通るから。 ●夫婦がいい人だから。 ●少女が頑張っているように感じたから。

2. 道徳的価値に向き合い，自己を見つめる「動き」①

■暗い夜道を１人で帰宅する少女がくだもの屋の前を通り過ぎた後，いつ灯りを消すか，**教師代替の「動き」**で，そのタイミングを全員で確認する。

分担 少女：教師

「動き」のシナリオ

少　　女：くだもの屋の店の前を，コンクール曲を口ずさみながら歩く。

生徒全員：消すタイミングに，「ここで消す」と言う。

教師の発問

> くだもの屋の夫婦は，いつ灯りを消したと思いますか？

■くだもの屋の夫婦の少女に対する思いをつかむ。

- 少女の姿が通り過ぎてから。
- 少女の姿が見えなくなってから。
  ※消すタイミングが早いときだけ，再度「動き」を行う。

補 このタイミングで消すと，もしかすると少女が驚くのでは？

- 完全に見えなくなってから。
- 灯りが消えたことが絶対に分からなくなってから。

補 なぜ，そこまでするのですか？

- 少女に気を遣わせたくない。
- 明日もここを通ってほしい。
- 安全な店の前を通ってほしい。

3．道徳的価値に向き合い，自己を見つめる「動き」②

■おばさんの話を聞き，もう一度頭を下げた場面を**その場での「動き」**で表現し，少女の感謝の気持ちを実感するために行う。

分担 少女：教師

　　　　少女のつぶやき：生徒1（※通称「二人羽織の動き」）

「動き」のポイント

　　●せりふの語気，音量，抑揚，声の張りなど。

「動き」のシナリオ

　授業者：頭を下げる。

　少　女：言葉を自由に，表現する。

4．対話・交流し，多面的・多角的に考える「動き」

教師の発問

> 「少女は，もう一度頭を下げた」。このとき，少女は心の中でどんな言葉をつぶやいたと思いますか。

予想される生徒の反応

■少女のくだもの屋に対する思いをつかみ，自己の考えをホワイトボードに書き，マグネットによる自己評価，

・灯りをつけてくれたおかげで安心できたので，ありがとうございました。自分が通らなくても気にかけてくれてありがとうございます。わざわざ夜遅くまですいません。

・いつ通るか分からない私のために，灯りをともしてくれてありがとうございます。

・灯りがついていて見守られた気分になりました。ありがとうございます。

相互評価を行う。	┌──────────────┐ ┌──────────────┐ │ ・すいません。ずっと │ │ ・早く帰ることになっ │ │ 　灯りをつけていてく │ │ 　たことを伝えず，ご │ │ 　れてありがとうござ │ │ 　めんなさい。 │ │ 　います。 │ │ │ └──────────────┘ └──────────────┘ ┌──────────────┐ ┌──────────────┐ │ ・自分のためだけに灯 │ │ ・毎晩，自分のために │ │ 　りをつけてくれてあ │ │ 　灯りをつけてくれて │ │ 　りがとうございます。│ │ 　ありがとうございま │ │ │ │ 　した。 │ └──────────────┘ └──────────────┘ ● 私のことをそんなに心配してくれて，ありがと 　うございます。 ● ただただ感謝しかないなあ。 ● 自分もこんな大人になりたいな。 ● 友達に，はやく伝えたいです。 ● 自分はいろいろな人に支えられているなあ。 ● なんて素敵な人たち何だろう。
授業の振り返り	対話の中で心に残った言葉を選び，その人の名前 と理由を書く。 ※自分の言葉を選択してもよいこととする。
感想	感じたことを自由に記入する。

対話・交流し，多面的・多角的に考える「動き」（授業記録から）

授業者の動き	生徒の反応

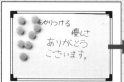

取り上げたポイント

　くだもの屋の夫婦が考える「やさしさ」をどのように捉えているのかをつかむために取り上げた。特に，普通では考えられない（商売上，客が来ないにもかかわらず店をあけた）ことから，夫婦のやさしさの深さをつかんでいく。

■緑の人，どこに共感しましたか。

- やっぱり，このくだもの屋の夫婦はやさしいと自分も感じたから。
- 普通，知らない子供のために灯りはつけないし，電気代もかかる。本当に心配してくれていたんだなと思う。

■このお店のように灯りをつける条件がそろっていれば，灯りをつける？

- つけない。
- 絶対つけない。

■絶対につけない，どうしてですか。

- 何時になるか，分からないから。
- それまで，何もしないで待っていることはできないし。

■夜遅く，客が来ないのに店をあける人はいません。この場合の「やさしさ」とは，何だと思いますか。

- この話は，損か得かの話ではない。
- 純粋に，女の子のことだけを考えたやさしさだと思う。
- 少女に少しでも安心してもらいたいというやさしさ。
- 事故があってほしくないというやさしさ。

■このやさしさに感謝したのですか。

- そう（多数うなずく）。

「私のために」をキーワードに，この少女に対する深い思いをつかむために取り上げた。

■緑の人，どこに共感しましたか。

●「いつ通るか分からないのに」というところがすごい。
●「自分のために」というところが，うれしい。
●それはそうだけど…。

■「私のために」これが分かったときは，申し訳ないと思いませんか。
■もう少し詳しく，教えてください。
■他の人は，どうですか。

●申し訳ないという気持ちはあるけど，素直にうれしいと私は感じたから。
●このことを知ったときは，私もうれしいと思う。
●自分は恥ずかしいと感じてしまうかも…。
●余計な心配をかけてしまったと思うから。

■もう少し詳しく，説明してください。
■みんなは，どうですか。

●それはあるかも。

「毎日」をキーワードに，この少女に対する深い思いをつかみ，その思いに応える感謝であったことを深く考えるために取り上げた。

■緑の人，どこに共感しましたか。

●毎日はすごいと思う。
●毎日だけじゃなくて，合唱コンクールが終わっているにもかかわらず，灯りをつけていたことにびっくりしたから，自然に「ありがとうございます」の言葉が出てくると思った。

■合唱コンクールが
終わって少女がし
ばらく通らなかっ
たはずです。普
通，もう通らなく
なったと考え，灯
りをつけなくなる
と思いませんか。

●そう思います。

■でも，灯りをつけ
ていたんです。そ
れも毎日。どうし
てだと思います
か。近くの人と，
意見を交流してく
ださい。

●(近くの人と意見を交流し合う)

■自由に意見を述べ
てください。

●いつ通るか分からないから，消せないと考えた
と思う。
●万が一，通るかもしれないときに灯りがついて
いなかったら，さびしいと感じさせてしまうこ
とが嫌だったから。

■いつ通るか，分か
らなくてもです
か。

●そう。
●それがくだもの屋の夫婦の考えるやさしさだか
ら。

「動きのある授業」の多様な活用事例 II
〜「人権教育」と「道徳教育」の架け橋として〜

　道徳科の授業の中で，ホワイトボードを活用して「『動き』のある授業」に取り組み，子供たち同士が自分の考えを表明したり，仲間との対話から一人一人が道徳的な価値観を深めていくという活動に毎週1時間取り組んでいくことを通して，一中の人権教育の取組である「クラスミーティング」の充実，子供たちの「仲間づくり」の深まりにもつなげていくことができました。

> **【貝塚市立第一中学校が取り組んだ人権教育の HOP・STEP・JUMP】**
> ＨＯＰ（第1段階）　「道徳科」の「動き」のある授業の手法を学ぶ。
> ＳＴＥＰ（第2段階）　「人権」に関する事例学習で活用する。
> ＪＵＭＰ（第3段階）　「生徒」の思いを引き出し，交流することを通して，尊重し合える人間関係づくりの基礎をつくる。

　川﨑裕子校長先生（当時）は，この取組を以下のように振り返っています。
　「人権教育事業の研究指定を受け，私たちがまず一番に取り組みたいと考えたことは『人と人のかかわりを大切にした人権教育』でした。そのために『自分たちそれぞれの思いを言葉にし，語り，また語り合える学級集団をつくる』ことから取り組みたいという話し合いになりました。このテーマに沿って考えたとき，『主体的・対話的で深い学び』が実現できれば各学級，学年で互いの理解が深まり信頼関係が積み重ねられるのではないかと考えました。このことをどのように実現していけばよいかという悩みの中で指導助言を求めたとき，『動きのある授業』として『ホワイトボードを使う』という方法に出会いました。学級内の多くの生徒たちの意見を黒板に掲示・交流し，マグネットで意思表示ができるという，本校の大きな課題であった『自分の考え，気持ちを伝え合える』ことが授業の中で少しずつできる方法に出会いました。自分を表現し，他者に思いを伝え，他者の思いを知り受け入れることから，クラスの人間関係の相互理解へとつながることができれば，自分の権利，他者の権利を大切にできる生徒を育てる人権教育の一歩になってくれるのではと思っています。」

教師代替の「動き」

	あかつき	光村	東書	学図	教出	日文	学研	日科	私・道	中・読
銀色のシャープペンシル	○ (1年)	○ (1年)	○ (1年)	○ (1年)				○ (1年)		
夜のくだもの屋	○ (1年)			○ (2年)	○ (2年)	○ (2年)				
タッチアウト	○ (2年)									
ばなしの女王				○ (3年)						
言葉おしみ				○ (3年)						
一冊の漫画雑誌				○ (3年)						
加山さんの願い	○ (1年)			○ (3年)	○ (2年)					

生徒の感想（抜粋）

● 地域の人が自分の存在を忘れずにいてくれたことへの感謝と，「私」が地域の人たちに支えられているんだということを，改めて思ったんだと思います。私は身近にいて，支えてくれるのは家族や友達だけだと思ってたけど，地域の支えがあるから安全に暮らしていけるということが分かり，大切にしていきたいと思った。

● 『バスと赤ちゃん』で声をかけることの大切さ，そして自分の意志を表現することの難しさを知った。でも，『夜のくだもの屋』では声をかけないやさしさもあると知った。だから，場面ごとに声をかける，かけないを使い分けられるやさしさをもった人間に成長していきたいと思った。

● 「声をかける」ことも大事だけど，「声をかけない」で見守ることも大切なんだと思う。声をかけてもらってうれしくても緊張してしまって「やだなあ～」と思う人がいるかもしれない。私はそうは思わないけど，緊張はしてしまうかもしれない。だから，今回のくだもの屋さんの行動＝

代表生徒の「動き」

	あかつき	光村	東書	学図	教出	日文	学研	日科	私・道	中・読
二枚の写真	○(1年)									
夜のくだもの屋	○(1年)			○(2年)	○(2年)	○(2年)				
ある日のバッターボックス	○(1年)									
タッチアウト	○(2年)									
スイッチ								○(3年)		○
闇の中の炎		○(3年)								○
言葉の向こうに	○(1年)	○(1年)		○(3年)		○(3年)	○(2年)	○(2年)		○
吾一と京造	○(1年)						○(1年)			

灯りは，とてもうれしくなることだと思う。私もこんなふうに生きていきたいなと，しみじみ思いました。

● 直接関わっての応援や気遣いではなく，気付かないかもしれないような，ひっそりとした気遣いができるのがいいなと思いました。暗い中，知らない人に声をかけられたら，たとえ良い人で，やさしいことを言ってくれたとしても，それからは怖気づいて，その店に近付かなくなることもあるから，ひっそり「実は」やっていた気遣いが，本当に相手を想っているんだなと感じました。私もひっそりとした気遣いができるようにしていきたいです。

●（略）　おばさんは歌を歌っている女の子に迷惑をかけないように話しかけず，お店の灯りだけをつけてくれた。その灯りには女の子に向け，「コンクールがんばってね！」や「安心して帰ってね！」という言葉が込められていると思い，おばさんのやさしさにすごく心が温まりました。

言葉おしみ 雰囲気を和らげる「お先に。」の一言

出典
東京書籍「新しい道徳3」

「動き」	教師代替	全員参加	グループ	その場	代表生徒
教材情景の再現	○		○		
音の再現	○		○		
主人公の思いを表現	○		○		
生徒の自覚を表現			○		

主題とねらい

主題名 心のふれ合い

ねらい 社会生活の中で礼儀の意義や役割を理解し，時と場に応じた適切な言動を取ろうとする道徳的実践意欲と態度を育む。

教材の特質

（1）教材の概要

　『言葉おしみ』は3つの場面で構成されており，「雰囲気を和らげる『お先に。』の一言」は，その1つである。

　劇場のトイレに並んでいた和服姿の女性が，後ろの人に「お先に」と声をかけ，出てくると「お待たせしました」と，軽く頭を下げて歩み去る。その場にいた主人公は，その場の雰囲気が変わり，エレガントなあいさつ空間に変わったと感じる。

（2）教材の読み

●生き方の考えを深める人物 → トイレで並んでいる人たち（筆者含む）

- ●考えを深めるきっかけ　　→　和服女性の言葉と仕草
- ●考えを深める場面　　　　→　目礼や微笑みが交わされる場面

（3）ねらいに迫るために

ここに注目！

言葉を受けたときと，自分から
言葉をかけたときの違い　　➡　「音」と「仕草」

　言葉受けたとき＝うれしい，言葉をかけるとき＝ドキドキする，このギャップを体験することは，特別な支援を要する生徒もより深く考えやすくなる。特に，そのときの言葉の抑揚＝「音」，表情を含めた「仕草」を再現することは，この教材の重要なポイントになる。

　そこで，この場面を再現することで，自分事として考えやすい環境を整え，ねらいに迫っていく。

「動き」のポイント

1．道徳的諸価値の理解に基づく前理解を表出する「動き」①②

　和服姿の女性がドアに進み，「お先に」と声をかけ，「お待たせしました」と軽く頭を下げて歩み去る場面を，**①教師代替の「動き」**で再現し，生徒の考えの呼び水として行う。その後，**②代表生徒と教師によるグループ（ペア）の「動き」**で，同じ場面を再現する。言葉を受けたときの気持ちと，自分から言葉をかけたときの気持ちをつかみ，トイレ前の雰囲気が変わっていく理由を，自然に感じ取っていくきっかけとして行う。

2．道徳的価値に向き合い，自己を見つめる「動き」

　ねらいに迫るため，あえて嫌な雰囲気になってしまうようなやりとりを，**教師代替の「動き」**で再現し，その場の雰囲気をつくるために大切なことは何かを考えるきっかけとして行う。

3．対話・交流し，多面的・多角的に考える「動き」

　この話を通して大切にしたいことをホワイトボードに書き，マグネットによって対話・交流する。そして，自己評価と相互評価を繰り返し，考えを深めていく。

展開（例）

学習活動	授業の様子
教材の範読	 ●グループ体型 ●「動き」を行う場を確保

1．道徳的諸価値の理解に基づく前理解を表出する「動き」①

■和服姿の女性がドアに進み，「お先に」と声をかけ，「お待たせしました」と軽く頭を下げて歩み去る場面を，**①教師代替の「動き」**で再現し，生徒の考えの呼び水として行う。

分担 和服の女性：教師1
　　　　並んでいる女性：教師2，教師3，教師4

「動き」のポイント
●和服女性の仕草や表情
●並んでいる女性たちの仕草や表情

「動き」のシナリオ
教師1：「お先に」と言って，ドアの前に進む
教師2：（無言だが，感じたままに表現する）
教師3：＊教師2と同じ
教師4：＊教師2と同じ

教師だけで場面を再現する

教師の発問

言葉を交わした後，トイレの前の雰囲気はどんな感じがすると思いますか？

■言葉を交わすことで，見知らぬもの同士であっても，場の雰囲気が変わることをつかむ。	● いい感じがする。 ● まだまだ，そこにいたいなあという感じがする。 ● あったかい感じがする。

1．道徳的諸価値の理解に基づく前理解を表出する「動き」②

■道徳的諸価値の理解に基づく前理解を表出する「動き」①と全く同じ動きを，②**代表生徒と教師によるグループ（ペア）の動き**で再現する。「動き」①を見て感じたことを実際に表現し，言葉を交わすことの大切さを深く考えるきっかけとして行う。

分担	和服の女性，並んでいる女性たちを，生徒と教師が順次担当を変えて表現する。

「動き」のポイント
- 和服女性の仕草や表情
- 並んでいる女性たちの仕草や表情

教師の発問	言葉を受けてみて，どんな気持ちになりましたか？
■言葉を交わすことで，見知らぬもの同士であっても，場の雰囲気が変わることをつかむ。	● 温かい気持ち。 ● 気持ちいい。 ● うれしい。
教師の発問	自分から言葉をかけたとき，どんな気持ちになりましたか？

| ■言葉を交わすことで，見知らぬもの同士であっても，場の雰囲気が変わることをつかむ。 | ●ちょっと恥ずかしかった。
●言う前は緊張した。
●言った後は，気持ちがよかった。 |

2．道徳的価値に向き合い，自己を見つめる「動き」

■場面再現１とは真逆の，嫌な雰囲気になってしまうようなやりとりを，**教師代替の「動き」**で再現し，礼儀のもつ意味を深く考えるきっかけとして行う。

分担 和服の女性：教師１

待っていた女性（スマホを見続けている）：教師２

「動き」のポイント

●嫌な雰囲気を醸し出してしまう和服の女性の仕草や表情

●それを見てしまった，待っていた女性の表情

「動き」のシナリオ

①和服女性の言葉：「お先に」

②待っていた女性：（スマホを見ていて返事もしない）

③和服女性　　　：（自由に表現する）

教師の発問	＜どうして，雰囲気が変わったと思いますか？
■言葉や態度によっては，相手にとって失礼になることをつかむ。	●嫌な言葉を使ったから。 ●嫌な表情をしたから。 ●言葉が乱暴だったから。 ●目を見ていなかったから。

3. 対話・交流し，多面的・多角的に考える「動き」

教師の発問

> この話を通して，皆さんが大切にしたいと感じたことは，どんなことですか？　ホワイトボードに書いてください。

■礼儀に込められた意味を深く考え，自己の考えをホワイトボードに書き，マグネットによる自己評価，相互評価を行う。

予想される生徒の反応

・やさしい言葉をかけてあげるといいふんいきにできる。

・やさしい言葉をかけてあげる。

・一言声をかけてから行く。

授業の振り返り	対話の中で心に残った言葉を選び，その人の名前と理由を書く。 ※自分の言葉を選択してもよいこととする。
感想	礼儀の大切さについて，感じたことを自由に記入する。

対話・交流し，多面的・多角的に考える「動き」（授業記録から）

授業者の動き	生徒の反応

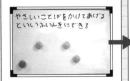

取り上げたポイント

　言葉や振る舞いで，場の雰囲気を変えることができることを共通理解するために取り上げた。

■緑を置いた人は，どこがいいなと思いましたか。
■いいですよね。

● やさしい言葉がいいと思いました。
● 言葉をかけることがいいなと感じました。

■青を置いた人は，どんなことを聞いてみたいですか。

● いい雰囲気って，どんな雰囲気なのかな。
● なんか，いい雰囲気です。
● 嫌な感じがしない雰囲気だと思う，さっきやったよ。

■さっき，やってみたことですか。

● そう。

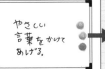

取り上げたポイント

　言葉のもつやさしさが大切であることを実感するために取り上げた。

■緑の人は，どこに共感しましたか。

● さっきと同じで，やさしい言葉がいいと思いました。
● 一緒です。

■みんなが考える，やさしい言葉は，どんな言葉ですか。

● どうぞ。
● ？？？？？

	●やさしい顔。
■では，やさしい言葉を話す人は，どんな表情をしていると思いますか。	●言葉もやさしいと思う。
■顔も，言葉もやさしいんだ。	●そう。
■青を置いた人は，どんなことを聞いてみたいですか。	●今のやさしい言葉は，どんな言葉かです。もう分かりました。

取り上げたポイント

言葉と行動の大切さを実感させるために取り上げた。

■緑の人は，どこに共感しましたか。	●声をかけるのはいいなと思いました。
	●きちんと声をかけていくのがいいなと思いました。
■いいですよね。	
■青を置いた人は，どんなことを聞いてみたいですか。	●どんな一言なのかです。
	●さっきのようなやさしい言葉です。
■なるほど。	

グループの「動き」

	あかつき	光村	東書	学図	教出	日文	学研	日科	私・道	中・読
ネパールのビール	○ (2年)						○ (1年)			
仏の銀蔵	○ (2年)	○ (1年)						○ (1年)		○
背番号10		○ (3年)								
誰かのために	○ (3年)							○ (1年)	○	
ある日のバッターボックス	○ (1年)									
裏庭での出来事	○ (1年)	○ (1年)		○ (2年)	○ (1年)	○ (1年)	○ (1年)			○
吾一と京造	○ (1年)						○ (1年)			
帰郷								○ (3年)		○
嵐の後に								○ (3年)		○
言葉おしみ				○ (3年)						
一冊の漫画雑誌				○ (3年)						
六千人の命のビザ				○ (2年)		○ (2年)	○ (3年)	○ (3年)		
一冊のノート	○ (2年)	○ (3年)		○ (3年)		○ (3年)	○ (3年)	○ (3年)	○	

生徒の感想（抜粋）

- 順番待ちをしているときにやさしい言葉をかけると，相手がうれしい気持ちになると思いました。
- うしろの人に一声かけると，雰囲気が明るくなるということが分かって，よかったです。
- 今日の授業を通して，言葉を互いに伝え合うのは一番大切だなと，改め

教師代替の「動き」

	あかつき	光村	東書	学図	教出	日文	学研	日科	私・道	中・読
銀色のシャープペンシル	○ (1年)	○ (1年)	○ (1年)	○ (1年)				○ (1年)		
夜のくだもの屋	○ (1年)			○ (2年)	○ (2年)	○ (2年)				
タッチアウト	○ (2年)									
ばなしの女王				○ (3年)						
言葉おしみ				○ (3年)						
一冊の漫画雑誌				○ (3年)						
加山さんの願い	○ (1年)			○ (3年)	○ (2年)					

て理解しました。

● 相手を待たせたりしたときは，笑顔で「お待たせしました」ということをこれからも意識していきたいです。

● 自分もあまりあいさつができないから，今日の授業を参考にして，しっかりとあいさつができるようにしたいです。

● 笑顔と返事は大切だと思いました。

特別支援学級

ぱなしの女王

出 典
東京書籍「新しい道徳2」

	「動き」	教師代替	全員参加	グループ	その場	代表生徒
教材情景の再現		○				
音の再現						
主人公の思いを表現					○	
生徒の自覚を表現					○	

主題とねらい

主題名 望ましい生活習慣

ねらい 自分の生活を見直そうとする作者の思いを考えることから，望ましい生活習慣を身に付けることのよさに気付き，節度ある生活を心がけようとする道徳的実践意欲を育む。

教材の特質

（1）教材の概要

　「ぱなしの女王」と呼ばれている陽子が，汚名を返上しようと決意するが，何度も繰り返してしまい，自分が情けなくなるという話である。

（2）教材の読み

- ●生き方の考えを深める人物　→　陽子
- ●考えを深めるきっかけ　　→　失敗を繰り返してしまったこと
- ●考えを深める場面　　　　→　ほとほと自分が情けなくなってしまうと感じた場面

（3）ねらいに迫るために

ここに注目！ **POINT**

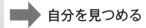

情けなくなって
しまう主人公　　➡　　自分を見つめる

　特別な支援を要する生徒の場合，教材の情景をうまく想像できないことがある。特に，この教材では「情けなくなってしまう」がキーワードになっている。

　そこで，この場面を再現することで，自分事として考えやすい環境を整え，ねらいに迫っていく。

「動き」のポイント

1．道徳的諸価値の理解に基づく前理解を表出する「動き」①

　「ぱなしの状態とはどんな状態なのか」「どうして脱ぎっぱなしになってしまうのか」を理解するために，一度教材の設定から離れ，服を脱ぎっぱなしの状況を新たに設定し，**教師代替の「動き」**で再現する。

2．道徳的諸価値の理解に基づく前理解を表出する「動き」②

　「脱ぎっぱなしの状態のままだと，どんなことが起こるのか」を理解するために，床に脱ぎっぱなしの服の上を家族が踏んでしまう状況を新たに設定し，**教師代替の「動き」**で再現する。

3．道徳的価値に向き合い，自己を見つめる「動き」

　「ほとほと自分が情けなくなってしまう」という表現を使い，このときの陽子の表情，雰囲気を，**その場での「動き」（1人の「動き」）**で再現することで，陽子の思いに深く迫るきっかけとする。

4．対話・交流し，多面的・多角的に考える「動き」

　ぱなしを直すためにどんなことに気を付けたらいいかをホワイトボードに書き，マグネットによって対話・交流する。そして，自己評価と相互評価を繰り返し，考えを深めていく。

展開（例）

学習活動	授業の様子
教材の範読 **教材内容の確認**	

1．道徳的諸価値の理解に基づく前理解を表出する「動き」①

■服を床に脱ぎっぱなしにする状況を**教師代替の「動き」**で再現し，どうして「ぱなし」の状態になるのかをつかむ。

分担 陽子：教師A

　　　　お母さん：教師B

「動き」のシナリオ

教師A：暑い！暑い！（と言いながら，TVの前に上着を脱ぎ捨てる）

教師B：陽子，ペン持ってきて。

教師A：（棚にペンを取りに行き，お母さんに渡す。渡した後，自分の部屋に戻ってしまう）

教師の発問	陽子さんは，どうして脱ぎっぱなしの状態になったと思いますか？
■陽子が「ぱなし」になってしまう原因をつかむ。	●いつもそうしているから。 ●お母さんに声をかけられたから。 ●癖になってしまっているから。 ●何も考えていないから。 ●意識していないから。

2．道徳的諸価値の理解に基づく前理解を表出する「動き」②

■床に脱ぎっぱなしの服の上を家族が踏んでしまう状況を**教師代替の「動き」**で再現し，このことによってどんなことが起こるかをつかむ。

分担 お母さん：教師B

「動き」のシナリオ

教師B：（歩いてきて，床に脱ぎっぱなしの服の上を家族が踏んでしまうまねをする）

教師の発問	服が脱ぎっぱなしのままになっていたら，どんなことが起こると思いますか？
■ぱなしの状態によって，どんなことが起こるかをつかむ。	●服が汚れる。 ●服が破れてしまう。 ●滑って，転んでしまう（ケガをしてしまう）。

3．道徳的価値に向き合い，自己を見つめる「動き」

■「ほとほと自分が情けなくなってしまう」という言葉を，**その場での「動き」（1人の「動き」）**で再現し，陽子の思いに深く迫るきっかけとして行う。

分担 陽子：生徒

「動き」のシナリオ

生徒：（ほとほと自分が情けなくなってしまう様子を自由に表現する）

教師の発問	陽子さんは，心の中でどんな言葉をつぶやいていると思いますか？
■陽子の思いを深く考える。	●情けないなあ～。 ●ダメだな，私は。 ●どうして繰り返すんだろう。 ●しっかりしなきゃ。 ●今から直そう。

4．対話・交流し，多面的・多角的に考える「動き」

教師の発問	陽子さんが「ぱなしの女王」をやめるためには，どんなことを心がけたらいいと思いますか？「～～ように心がける」という言葉で表現してください。

■生活習慣を改める ために必要な心構 えは何かを深く考 え，自己の考えを ホワイトボードに 書き，マグネット による自己評価， 相互評価を行う。 **予想される 生徒の反応**	・直したいことを忘れ ないように心がける。 ・直したいことを強く 意識するように心が ける。 ・ぱなしは人に迷惑を かけてしまうことも あることを忘れない ように心がける。 ・簡単にできることを 見付けていくように 心がける。 ・まず簡単にできるこ とから1つずつ直す ように心がける。
授業の振り返り	対話の中で心に残った言葉を選び，その人の名前 と理由を書く。 ※自分の言葉を選択してもよいこととする。
感想	感じたことを自由に記入する。

対話・交流し，多面的・多角的に考える「動き」（授業記録から）

授業者の動き	生徒の反応
毎日直そうと意識する	**取り上げたポイント** 「意識する」を，どのように捉えているかをつかむために取り上げた。
■青の人，どんなことを聞いてみたいですか。 ■本人，教えてください。 ■いいよ，うまく説明できなくても。 ■では，緑の人はどんなところがよかったと思いましたか。	●「意識する」って，どんなことを意識するのかが知りたいです。 ●う〜ん…（上手に説明できず，言葉につまる）。 ●毎日，忘れないでいることは大切だと思ったからです。 ●私もです。
■でもね，先生もときどき忘れてしまうことがあります。どうしてかな？ ■なるほど，先生には行動力が足りない。	●忘れないように，すぐやればいいと思う。 ●そうそう，思うだけではダメ。行動しなきゃ。 ●そう（全員）。
いしきをもって行動できればいい!!	**取り上げたポイント** 「いしき（意識）」から，「行動」につなげるために何が必要かを深く考えるために取り上げた。
■青の人は，どんな	●どんな行動ができたらいいのか，聞いてみた

ことを聞いてみた
いですか。

■本人，どうです
か。どんな行動を
考えてみました
か。

■では，緑の人はど
んなところがいい
なと感じたのです
か。

■意識したことをな
かなか行動につな
げられないとき，
皆さんはどうした
らいいと思います
か。

■なるほど。

かったからです。

●う～ん…。

●できるようにならないとダメだと私も思ったか
ら。

●すぐに行動すれば忘れないと思う。
●何かにメモして残しておく。

「はなしの女王」を直したいなら、直したい事を紙に書いてみる。

■Aさんは，「紙に
書いてみる」とあ
ります。どうし
て，そう思いまし
たか。

■他の人は，どうで
すか。

■では，皆が直した
いと思うことが
あったら，書いて
みましょう。

●忘れなくなるからです。

●それはあると思います。

●机の上の物は，きちんと片づける。
●くつは並べておく。
●食事の後は，食器を流し台に運ぶ。
●服は脱ぎっぱなしにしない。

■たくさん直したい
　ことがあるのです
　ね。
■緑の人に聞きま
　す。どんなところ
　がいいなと感じま
　したか。
■気持ちを強くもつ
　こと，それを文字
　にすることは，大
　切なことですね。

●（笑顔）

●具体的に何をするか，はっきりさせるのがいい
　と思ったからです。
●直す気持ちを，強くもつことが大切だと思った
　からです。

教師代替の「動き」

	あかつき	光村	東書	学図	教出	日文	学研	日科	私・道	中・読
銀色のシャープペンシル	○(1年)	○(1年)	○(1年)	○(1年)				○(1年)		
夜のくだもの屋	○(1年)			○(2年)	○(2年)	○(2年)				
タッチアウト	○(2年)									
ぱなしの女王				○(3年)						
言葉おしみ				○(3年)						
一冊の漫画雑誌				○(3年)						
加山さんの願い	○(1年)		○(3年)	○(2年)						

生徒の感想（抜粋）

- ぱなしの女王の話は，意識をしたり，直そうとする気持ちをしっかりもてば，直せると思います。
- 自分は大丈夫と思っていても，気が付いていないだけでやっていたのかもしれないから，改めて確認できてよかったです。
- 私が思ったことは，陽子さんは直したい気持ちはあるけど，結局口だけだなと思いました。本当に直したいのならば，何か行動すればいいと思います。
- ぱなしの女王になってしまったら，毎日直そうと思いました。
- やっぱり，ぱなしの女王にはなりません。絶対にこういうことはやらな

その場での「動き」

	あかつき	光村	東書	学図	教出	日文	学研	日科	私・道	中・読
ネパールのビール	○(2年)						○(1年)			
二通の手紙	○(3年)	○(3年)	○(3年)	○(2年)	○(3年)	○(3年)	○(3年)	○(2年)	○	
一冊のノート	○(2年)	○(3年)		○(3年)		○(3年)	○(3年)	○(3年)	○	
夜のくだもの屋	○(1年)			○(2年)	○(2年)	○(2年)				
闇の中の炎		○(3年)								○
町内会デビュー						○(3年)	○(1年)			○
裏庭での出来事	○(1年)	○(1年)		○(2年)	○(1年)	○(1年)	○(1年)			○
ぱなしの女王				○(3年)						
吾一と京造	○(1年)						○(1年)			
いつわりのバイオリン	○(1年)			○(1年)		○(1年)				
銀色のシャープペンシル	○(1年)	○(1年)	○(1年)	○(1年)				○(1年)		
背番号10		○(3年)								

いので，この話は僕には関係がないと思いました。

● 出しっぱなしにしてはいけない，だめだ，そんなことをしていてはだめ。次から気を付けるべきだ。

● 私も，扉を開けっぱなし，電気をつけっぱなしがありました。でも，ちゃんと閉める，消すことを心がけ，記憶に残していったら，そういうことがほとんどなくなりました。陽子さんも，そうしたらいいと思います。

● ぱなしの女王は嫌だ。

● 僕も出しっぱなしとかを少なくしたほうがいいと思う。どうしてもぱなしのクセが直らないなら，お母さんに言ってもらえばいいと思いました。

一冊の漫画雑誌

出 典
東京書籍「新しい道徳3」

「動き」	教師代替	全員参加	グループ	その場	代表生徒
教材情景の再現	○		○		
音の再現					
主人公の思いを表現	○		○		
生徒の自覚を表現			○		

主題とねらい

主題名 思いやり・感謝

ねらい 被災地において，自分がすべきことを考え行動しようとしている人たちの気持ちを考えることを通して，思いやりの心をもち，互いに助け合い，心の絆を大切にして共に生きていこうとする道徳的心情を育む。

教材の特質

（1）教材の概要

　東日本大震災のとき，仙台にある塩川さんの本屋さんは，若い男性から最新の『週刊少年J』を譲り受け，心待ちにしていた子供たちに回し読みを許可する。その様子が報道されると全国から多くの善意が届けられ，その後，子供たちのアイデアによって募金箱が置かれ，塩川さんは，被害を受けた地域に本を届けるプロジェクトに寄付をする。

（2）教材の読み

　この教材は塩川さん，子供たちの両方が道徳的に変化する。そのため，

本項では子供たちの道徳的変化に焦点を当てる。

- ●生き方の考えを深める人物 → 子供たち
- ●考えを深めるきっかけ → いろいろな人からの善意が届いたこと
- ●考えを深める場面 → 自分たちで考え，募金箱を置いた場面

（3）ねらいに迫るために

ここに注目！

 ➡ 多くの善意に応える感謝の気持ち

　受けた善意に対し，感謝を伝えようとする子供なりの思いが，このルールづくりの過程で表現されている。本文には，その経緯が分かる叙述はないが，この場面を想像し，再現することで，自分事として考えやすい環境を整え，ねらいに迫っていく。

「動き」のポイント

１．道徳的諸価値の理解に基づく前理解を表出する「動き」

　新しい本や雑誌がなく，子供たちが残念そうに帰る場面，ポスターを見た子供たちと塩川さんの会話の場面を，**①代表生徒と教師によるグループ（ペア）の「動き」**で再現する。さらに，ポスターを見た子供たちと塩川さんの会話を，**②代表生徒と教師によるグループ（ペア）の「動き」**で再現する。この２つの再現から，子供たちの気持ちの変化を，自然に感じ取っていくきっかけとして行う。

２．道徳的価値に向き合い，自己を見つめる「動き」

　リライト文には叙述されていない，子供たちが募金のルールを考える場面を設定し，**教師代替の「動き」**で再現する。善意の心に，どのように感謝を伝えるかを自由に考えるきっかけとして行う。

３．対話・交流し，多面的・多角的に考える「動き」

　この話を通して大切にしたいことをホワイトボードに書き，マグネットによって対話・交流する。そして，自己評価と相互評価を繰り返し，考えを深めていく。

展開（例）

学習活動	授業の様子
教材の範読	●グループ体型 ●「動き」を行う場を確保

1．道徳的諸価値の理解に基づく前理解を表出する「動き」①

■新しい本や雑誌がなく，子供たちが残念そうに帰る場面を，**①代表生徒と教師によるグループ（ペア）の「動き」**で再現し，子供たちの気持ちを確認する。

分担 塩川さん：教師／少年：生徒1

「動き」のポイント

●塩川さんの言葉の感じ，表情
●少年の仕草や表情

「動き」のシナリオ

少　　年：おじさん，「週刊少年J」，入った？

塩川さん：まだ。いつ入るか，分からないんです。

少　　年：（　　　　　　　　　）　＊自由に表現する

教師の発問

> 少年は，①塩川さんに聞くとき，②本がないことが分かったとき，それぞれどんな気持ちだったと思いますか？

■震災で，楽しみを失われていた少年の思いをつかむ。

①ワクワクする気持ち（もう，入ったかな）
②ガッカリした気持ち（仕方がないよね）

1．道徳的諸価値の理解に基づく前理解を表出する「動き」②

■ポスターを見た子供たちと塩川さんの会話の場面を，②**代表生徒と教師によるグループ（ペア）の「動き」**で，再現する。

分担 塩川さん：教師 / 少年：生徒1

「動き」のポイント
- ●塩川さんの言葉の感じ，表情
- ●少年の仕草や表情

「動き」のシナリオ

少　　年：「週刊少年J」，本当にあるんですか？

塩川さん：あるよ。

少　　年：読んでもいいの？

塩川さん：ああ，特別だよ。立ち読みオッケー！

教師の発問

本屋の中の子供たちは，どんな表情をしていると思いますか？

■子供たちの気持ちの変化をつかむ。

- ●うれしい。
- ●やったーという気持ち。

2．道徳的価値に向き合い，自己を見つめる「動き」

■リライト文には叙述されていない，子供たちが募金のルールを考える場面を設定し，**教師代替の「動き」**で再現する。善意の心に，どのように感謝を伝えるかを自由に考えるきっかけとして行う。

分担 少年1：教師1 / 少年2：教師2 / 少年3：教師3

「動き」のポイント

●話し合う雰囲気や少年の表情

「動き」のシナリオ

少年1：本屋さんの本，本当に増えたね。

少年2：全国から，届いたからなあ～。

少年3：何か，自分たちもできることはないかな？

少年1：いいね～。

少年2：今度は，自分たちが本を送るっていうのは，どう？

少年3：いいね。でも，お金はどうする？

少年1：俺，そんなにお金ないよ。

少年2：1回読んだら，20円っていうのは，どう？

少年3：いいね～，やろうやろう。それなら，できそうだ！

＊このシナリオは，生徒には見せない。

教師の発問

> 子供たちは，どうして募金箱を置くことを決めたのかな？

■全国の支援，思いやりの心に応えたいと考えた子供たちの思いをつかむ。

● 自分たちも何かしたいと思ったから。

● 全国の皆さんにお礼を伝えたいと思ったから。

● 自分たちでもできることをやってみたいと思ったから。

3. 対話・交流し，多面的・多角的に考える「動き」

教師の発問	この話を通して，皆さんが大切にしたいと感じたことは，どんなことですか？　ホワイトボードに書いてください。
予想される生徒の反応 ■思いやりに応える感謝の意味を深く考え，自己の考えをホワイトボードに書き，マグネットによる自己評価，相互評価を行う。	・やさしさが大切だと思う。 ・募金をしてくれてありがとうの気持ち。 ・困っている人に本や物をあげることが大事だと思いました！ ・自分だけではなく，周りの人の気持ちも大事（本を読みたい人）。
授業の振り返り	対話の中で心に残った言葉を選び，その人の名前と理由を書く。 ※自分の言葉を選択してもよいこととする。
感想	思いやりと感謝について，感じたことを自由に記入する。

対話・交流し，多面的・多角的に考える「動き」（授業記録から）

授業者の動き	生徒の反応

授業者の動き

優しさが大切
だと思う

■緑を置いた人は，どこがいいなと思いましたか。

■どんなやさしさを感じますか。

■2人ともやさしいよね。

■2人は，どうしてそんなことをしてくれたのかな。

■でも，きっと少年の名前も顔も知らないと思うけど。

■みんなが考える，やさしい言葉は，どんな言葉ですか。

■では，やさしい言葉を話す人は，どんな表情をしていると思いますか。

募金をしてくれてありがとうの気持ち

生徒の反応

取り上げたポイント
どんなやさしさなのかをつかむために取り上げた。

●「やさしさ」という言葉がいいと思いました。
●同じです。

●大事な「週刊少年J」をくれた人，無料で読んでもいいと言った塩川さんは2人ともやさしい。
●そうですね。

●僕たちのことを考えてくれたから。

●きっと困っていると思ったんじゃないかな。

●？？？？？

●やさしい顔。
●言葉もやさしいと思う。

取り上げたポイント
感謝の気持ちをもつことの大切さを実感するために取り上げた。

■緑の人は，どこに共感しましたか。	●「ありがとう」という言葉がいいと思いました。
■青を置いた人は，どんなことを聞いてみたいですか。	●「募金してくれて，ありがとう」 これは誰の言葉かなと思いました。
■なるほど，塩川さんね。	●塩川さん？？
■募金したお金は，どんなことに使われたのですか。	●新しい本を買うため。 ●新しく本を受け取った，別の人かもしれない！
■そうかもしれませんね。	●あるある！

自分だけではなく、 まわりの人の気持ちも大事。 (本を読みたい人)	**取り上げたポイント** 　思いやりと感謝で人の輪が広がることをつかむために取り上げた。
■緑の人は，どこに共感しましたか。	●周りの人のことを考えているところ。 ●いろいろな人のことを考えているところがいいなと思いました。
■いろいろな人って，どんな人がいるかな。	●少年Jをくれた人。
■どんな人がいるか，みんなで探してみよう。	●塩川さん。 ●？？？？？？？ （自分たちで，自由に会話する）
■どんな人がいましたか。	●少年Jを見たいと思っている人。
■青を置いた人は，どんなことを聞いてみたいですか。	●本を読みたい人って，誰かなと思いました。
■誰だと思いますか。	●日本中にいるんじゃないかな〜。

グループの「動き」

	あかつき	光村	東書	学図	教出	日文	学研	日科	私・道	中・読
ネパールのビール	○(2年)						○(1年)			
仏の銀蔵	○(2年)	○(1年)						○(1年)		○
背番号10		○(3年)								
誰かのために	○(3年)							○(1年)	○	
ある日のバッターボックス	○(1年)									
裏庭での出来事	○(1年)	○(1年)		○(2年)	○(1年)	○(1年)	○(1年)			○
吾一と京造	○(1年)						○(1年)			
帰郷								○(3年)		○
嵐の後に								○(3年)		○
言葉おしみ			○(3年)							
一冊の漫画雑誌			○(3年)							
六千人の命のビザ			○(2年)			○(2年)	○(3年)	○(3年)		
一冊のノート	○(2年)	○(3年)		○(3年)		○(3年)	○(3年)	○(3年)	○	

生徒の感想（抜粋）

● 自分たちで募金を考えたなんて，すごいと思いました。

● 塩川さんって，とてもやさしい人だと思いました。自分もそうなりたいです。

● いろいろな人の気持ちがどんどんつながっていって，ステキだと思いました。

● 困っている人がいたら，自分も塩川さんのように助ける人になりたいで

教師代替の「動き」

	あかつき	光村	東書	学図	教出	日文	学研	日科	私・道	中・読
銀色のシャープペンシル	○ (1年)	○ (1年)	○ (1年)	○ (1年)				○ (1年)		
夜のくだもの屋	○ (1年)			○ (2年)	○ (2年)	○ (2年)				
タッチアウト	○ (2年)									
ぱなしの女王				○ (3年)						
言葉おしみ				○ (3年)						
一冊の漫画雑誌				○ (3年)						
加山さんの願い	○ (1年)			○ (3年)	○ (2年)					

す。
- 自分は1回100円でもいいと思いました。
- 今日の話を知れて，うれしかったです。
- 物をタダであげると，もらった人は申し訳ないない気持ちになるけど，喜ぶ顔が見たいとも思いました。
- 常にやさしさをもつことが大事なんだと思いました。

おわりに

　本書を読了された今，どのような感想をもたれたでしょうか。第一印象の「疑問」や「違和感」「反発」は，解消されたでしょうか？

　私たちが，この「動き」のある授業で目指しているのは，道徳科の目標にも示されている「自己の（人間としての）生き方についての考えが深まる」授業，すなわち，「主体的・対話的で深い学び」を目指した授業です。

　もしも本書が，「動き」のある授業によって，生徒一人一人が目を輝かせて，生き方についての考えを深めている姿を十分に説得力をもってお伝えすることができていないのだとしたら，それは，ひとえに，私たちの「文章力」のなさに原因があると言えるほどに，私たちは，この授業に自信をもっています。

　しかし，また，一方で，「動き」のある授業には，まだまだ改善の余地があることも承知しています。「動き」のある授業が，「深い学び」に至らない，いわゆる「活動あって学びなし」の「這い回る」授業にならないためにも，まだまだ改善をしていかなければなりませんが，それを私たち2人で進めていくには，限界があるのも事実です。

　そこで，ぜひ，本書を読まれた多くの方々から，疑問やご意見を頂戴したいと考えています。

　さらに，この「動き」のある授業を実践し，推進していく仲間になっていただきたいとも考えています。すでに，「動き」のある授業の発祥の地である北海道札幌市では，「『動き』のある道徳科授業研究会」（略称：動道研）が令和2年4月に発足し，本格的に活動を始めています。

　ぜひ，この機会に，全国の道徳科授業改善の志をおもちの先生に参加していただきたいと，切に，願うところです。

2020年5月

磯部　一雄

［執筆者紹介］

磯部 一雄　　ISOBE KAZUO

札幌市立北野台中学校教諭

平成25年度・文部科学省「私たちの道徳」作成協力委員，平成26年度・文部科学省「私たちの道徳」活用のための指導資料作成協力委員を経て，平成29・30年度，令和元年度に文部科学省教科用図書検定調査審議会専門委員を務める。日本道徳教育学会会員，日本道徳教育方法学会会員，日本道徳科教育学会理事。

杉中 康平　　SUGINAKA KOUHEI

四天王寺大学教育学部教授

堺市立中学校教諭，堺市教育委員会 指導主事を経て，現職。「小学校道徳科教科書（平成29年・31年）」「中学校道徳科教科書（平成30年・令和2年）」（光村図書）編集代表。主な著書に，『楽しく豊かな道徳科の授業をつくる』『楽しく豊かな道徳科の授業をつくる2』ミネルヴァ書房（編者及び共著）。日本道徳教育学会理事，日本道徳教育方法学会評議員，日本道徳科教育学会理事。

中学校「動き」のある道徳科授業のつくり方

2020（令和2）年6月25日　初版第1刷発行

[著　者]　　磯部一雄・杉中康平
[発行者]　　錦織　圭之介
[発行所]　　株式会社　東洋館出版社
　　　　　　〒113-0021　東京都文京区本駒込5-16-7
　　　　　　営業部　TEL：03-3823-9206　FAX：03-3823-9208
　　　　　　編集部　TEL：03-3823-9207　FAX：03-3823-9209
　　　　　　振　替　00180-7-96823
　　　　　　U R L　http://www.toyokan.co.jp

[装　丁]　　中濱　健治
[イラスト]　こすげ　ちえみ
[印刷・製本]　藤原印刷株式会社
ISBN978-4-491-03764-6　　　　　　　　　　　Printed in Japan